美丽世界行
高峰幽谷

畲 田 主编

吉林出版集团
北方妇女儿童出版社

图书在版编目（CIP）数据

高峰幽谷 / 畲田主编. —长春：北方妇女儿童出版社，
2013.5（2019.4 重印）
（美丽世界行）
ISBN 978-7-5385-7468-5

Ⅰ. ①高… Ⅱ. ①畲… Ⅲ. ①山—世界—青年读物
②山—世界—少年读物 Ⅳ. ①P941.76-49

中国版本图书馆 CIP 数据核字（2013）第 062410 号

美丽世界行

高峰幽谷

主　　编	畲　田
出 版 人	刘　刚
策 划 人	师晓晖
责任编辑	曲长军　于　潇　金敬梅　王天明
封面设计	李亚兵
开　　本	787mm×1092mm　1/16
字　　数	200 千字
印　　张	10.5
版　　次	2013 年 5 月第 1 版
印　　次	2019 年 4 月第 3 次印刷
出　　版	吉林出版集团　北方妇女儿童出版社
发　　行	北方妇女儿童出版社
地　　址	长春市人民大街 4646 号
邮　　编	130021
电　　话	编辑部：0431-86037970
	发行科：0431-85640624
网　　址	www.bfes.cn
印　　刷	天津海德伟业印务有限公司

ISBN 978-7-5385-7468-5　　定　价：31.50 元

我们是陌生的，世界是陌生的。从远古的回顾到今天的眺望，如果只选择停留在原点，便永远望不见地平线另一端的模样。你来到这个世界，懵懂地睁开眼睛，这个世界就姗姗地向你走来，展现着它的深邃与神奇，仿佛近在眼前，却又遥不可及。

成长，是一个过程，如果不能让脚步飞扬，那么就该让思想插上翅膀。从今天起，就果断地畅想关于环游世界的美妙，打开这本充满神秘与发现色彩的书，从此翱翔于高山，畅游在幽谷。缩短时与空的距离，我们变得不再渺小，而世界也不再陌生。

无论是浩瀚的宇宙、神奇的自然、蔚蓝的海洋、变化万千的气候，还是奇趣盎然的动物、生机勃勃的植物，或是奇妙的人类，每一个知识点都会带给你超乎想象的神奇感受，每一次翻阅都会令你有无限的感动和期待。

用最精美的文字带给你张扬自然的力量，用最传神的图片帮你尽情地去想象。孩子，请放下你们沉甸甸的书包，以最轻松的姿态来阅读这个世界。看看那些高山、峡谷、道路、桥梁，还有你未曾领略的风光与美食。

前言

FOREWORD

目 录

CONTENTS

一、世界山脉

二、山崖寻踪

一、世界山脉

　　你知道世界上最高的山脉是什么吗？最长的呢？你知道山脉是怎么形成的吗？而它们在几千万年以前，是不是像今天一样雄伟壮观呢？接下来，将一一为你呈现遍及五大洲的最著名的15座山脉，在那里，你将身临其境地了解那些山脉的地貌和植被，它们各有的气候特征，山间蕴含的各种宝藏，还有生活在其中怡然自得的当地居民和那些可爱的小动物们……

喜马拉雅山脉

No. 001 >>> **Ximalayashanmai**

很久以前，有一个重山叠翠的乐园。有一天，一条巨大的毒龙前来捣乱，摧毁了那里的花草树木。幸运的是，突然天降五位女神，收服了毒龙。相传，喜马拉雅山脉的五个主峰就是那五位女神的化身，她们将永远守护着这个幸福的乐园……

文话天下

　　科学家们预计到2050年，全球大约25%的山地冰川将消失，到2100年可能达到50%，那时可能只有阿拉斯加、巴塔哥尼亚高原、喜马拉雅山和中亚山地还会有一些大的冰川分布区。未来35年间，喜马拉雅山的冰川面积预计将缩小20%。

　　喜马拉雅山是世界上最高大最雄伟的山脉。

　　没有一个词可以准确地定义喜马拉雅山脉，气势宏伟，银装素裹，年轻神秘……所以提起它，我们最常听到的便是：喜马拉雅山脉是世界上最高大最雄伟的山脉。的确，位于我国西藏自治区与巴基斯坦、印度、尼泊尔、锡金、不丹等国边境上的喜马拉雅山脉，平均海拔高达6000米。它东西绵延2400多千米，南北宽2000~3000米，拥有8000米以上高峰约11座，7000米以上高峰40多座。其中，位于我国与尼泊尔边界上的珠穆朗玛峰，海拔8844.43米，是世界第一高峰。扶摇直上的高度和令人惊叹的冰川，成为喜马拉雅山脉标志性的特征。

　　如今的喜马拉雅山脉在7000万年以前还是一片汪洋大海。随着印度板块逐渐向北漂移，和亚欧板块相互碰撞，在不断的撞击与交叠中，形成了青藏高原巨厚的地壳，喜马

拉雅山也随之不断地被抬高。在 300 万年前，喜马拉雅山的地势已经上升到了 3500 米。至今，印度板块仍以每年大于 5 厘米的速度向北移动，喜马拉雅山脉也仍在不断上升中。

喜马拉雅山脉自南向北大致可分为三带：南带为山麓低山丘陵带，海拔较低；中带为小喜马拉雅山带，海拔约在 4000 米以下；北带是大喜马拉雅山带，也是喜马拉雅山系的主脉，由许多高山带组成，宽约 50 ~ 60 千米，平均海拔在 6000 米以上，数十个

从高空俯瞰喜马拉雅山脉

山峰的海拔在 7000 米以上，世界第一高峰珠穆朗玛峰就位于喜马拉雅山脉的北带。

喜马拉雅山脉在地势结构上并不对称，北坡很平缓，是青藏高原湖盆带，湖滨牧草丰美，是良好的天然牧场。由于喜马拉雅山连绵成群的高峰阻挡了印度洋暖湿气流的北上，因此，喜马拉雅山的南坡雨量充沛，植被茂盛，而北坡的雨量较少，植被稀疏。在高山地区，随着海拔高度的不断变化，形成明显的垂直自然带；而在低处的山麓，常绿阔叶林生长得郁郁葱葱，形成常绿阔叶林带。

流向印度洋的大河几乎都发源于北坡，切穿大喜马拉雅山脉，形成 3000 ~ 4000 米深的大峡谷，河水奔流如飞瀑，蕴藏着丰厚的水力资源。全球有 70% 的淡水是冻结于冰河中的，而喜马拉雅山区的淡水集中量，是除南北极以外最多的地区——从它发源的冰河供应诸多亚洲河流所需的淡水，包括黄河、长江、恒河、印度河、湄公河等。

如今在我国境内的喜马拉雅山地区，居民以藏族为主，邻近国境地区有珞巴和门巴族以及夏尔巴人，他们主要靠畜牧业为生。至今，位处山区的交通依然艰难闭塞。近年来，旅游业被视为促进广阔而又多样的喜马拉雅山脉地区经济发展的一个方式，同时也被当作保护喜马拉雅山脉环境和文化资源的方法。

乌拉尔山脉

No. 002 >>> **Wulaershanmai**

　　乌拉尔山脉是欧亚两洲的分界线，也是伏尔加河、乌拉尔河同东坡鄂毕河流域的分水岭。它西部是俄罗斯平原，东部是西伯利亚平原。山脉蕴藏着磁铁、铜、铝、铂、石棉、钾盐、石油和天然气等资源，是俄罗斯的巨大的天然宝库。

　　乌拉尔山脉位于俄罗斯境内，它北起北冰洋喀拉海的拜达拉茨湾，南至哈萨克草原地带，绵延两千多千米，介于东欧平原和西伯利亚平原之间。在造山运动前，今天的乌拉尔山脉还是一片汪洋大海。随着欧洲板块和西伯利亚板块相向移动相互挤压，最终成了我们今天看到的乌拉尔山脉。不同于阿尔卑斯山脉，它的山势并不高，呈现西坡较缓，东坡较陡的态势。

　　自然资源丰富的乌拉尔山脉，已成为俄罗斯最重要的工业区之一。对发展俄罗斯的经济，开发东部地区有着重要作用。

　　乌拉尔地质岩石中最著名的是弧形岩。彼尔姆边疆区的岩崖都是弧形的，它们似乎被挤压过，每一层都要经过 100 万年才能形成。这里共有 40 道弧形，说明这座岩崖的年龄至少也有 4000 万年。

　　由于乌拉尔山脉海拔不高和容易攀登，它没有什么特殊的山地动物，动物品种与邻近的东欧和西西伯利亚地区无甚差异。冻原中最珍贵的动物便是北极狐了。在那里还生活着鄂毕旅鼠、雪鸮、冻原山鹑和驯鹿，不过数量都很少。有许多野鸭、雁和天鹅夏季在此繁殖生长。

　　乌拉尔山脉地区有一条著名的河流，

那就是丘索瓦亚河。它是世界上唯一一条越过乌拉尔山脉，从西向东流经世界两大洲——亚洲和欧洲的河流。河的两岸景色独特，耸立着各种形状奇特的岩崖，地质学家们正是根据这些岩崖的结构研究4000万年前大陆和人类的历史。

▲ 乌拉尔山脉最高峰——纳罗达峰

丘索瓦亚河沿岸曾发现过不同时期古人类生活过的许多证据：住所、停车场、城镇和避难所。游客们一定会有兴趣参观"人种园"，它就像一个世界人种的百花园一样。那里重新修建了十八世纪至十九世纪的农舍、老作坊，甚至俄罗斯木制玩具剧院和博物馆。

在乌拉尔山区，一个湖名叫久拉特库利湖——久拉特库利国家公园便因此而得名。久拉特库利湖像是被雄伟的山峰所环绕，在群山之中，有一座古老的死火山，是一个真正的宝库。在这里还可以观赏独特的自然景色——石头河，当地人称之为巨石流。

在久拉特库利公园，等待你的是奇特的岩崖——"久拉特库利石柱"、古代人的停车场、古海岩石上波纹式的痕迹及巨大的天然喷泉。不过需要提醒你的是，欣赏这样的奇景最好选择在冬天，因为霜冻后在水喷周围会形成一个巨大的冰穹。在阳光下，这个巨大的冰块会变成艳蓝色，将周围的一切都照得像天空一样蓝。

文话天下

昆古尔冰洞是乌拉尔地区的一个"名片"。《福布斯》网站近年评选出了世界上十个最壮观的洞穴，而昆古尔冰洞就是其中之一。这个洞穴的历史已有1万～1.2万年，其长度超过5.5千米。洞里有数十个洞穴、湖泊和冰柱。

◄ 丘索瓦亚河是地球上唯一一条流经亚洲和欧洲的河流。

高加索山脉

No. 003 >> **Gaojiasuoshanmai**

高加索山又称大高加索山脉,是一条重要地理界线,位于黑海与里海之间。山势陡峻,海拔大都在 3000 ~ 4000 米,海拔 3500 米以上的地方终年积雪。最高峰厄尔布鲁士山,海拔 5642 米,是一座死火山。第四纪时,全为山地冰川所覆盖。

在希腊神话中,高加索山是被宙斯判决酷刑的地方。普罗米修斯在那里度过几万年的悲惨岁月,他被暴力神和强力神用永远挣不断的铁链拴在悬崖边,胸脯上还有一颗用金刚石做成的钉子。他每天都承受着精神上和肉体上的巨大痛苦,直到 3 万年后才被赫拉克勒斯解下锁链,释放了他。现在我们常把普罗米修斯比作甘愿奉献、不屈不挠的人。尽管这个神话传说已经渐渐淡出了我们的记忆,但故事中的高加索山脉却恒久地屹立在人间。

宙斯将普罗米修斯用铁链拴在高加索山的悬崖上,每天派一只鹰去吃他的肝,又让他的肝每天重新长上。

高加索山脉在南欧和西亚的分界线上,黑海和里海之间,它横贯格鲁吉亚、亚美尼亚和阿塞拜疆三国。长约 1200 千米,山势陡峻,处处险要,大多数山峰都在 3000 米以上。最高峰厄尔布鲁士山约 5642 米,是一座死火山。这里有著名的巴库油田,矿产资源极其丰富,山麓北面丰富的矿泉更使它成为天然的疗养胜地。

卫星拍摄的高加索山脉全貌

高加索山脉自西北向东南蜿蜒，形成大高加索和小高加索两列主山脉。这里是自然生态多变的地区。大高加索山脉东西两侧山势较低，中段山势最高，也是最寒冷的地方——白皑皑的冰雪像华丽的披风一样包裹住它高大的身躯。作为高加索山脉的"老大"，厄尔布鲁士峰就在其中，群山环伺之下，显得卓尔不群，出类拔萃。小高加索山脉位于大高加索山脉以南，两列主峰都是阿尔卑斯运动形成的褶皱山系，所以，这里也是火山和地震的高发地带。

"生活"在高纬度地带，高加索山脉难以避免地要遭受来自积雪和冰川的对地形强有力的侵蚀。巨大的冰斗耸立在它的山腰上，年复一年，终于形成了像刀刃般薄薄的"山脊梁"。远远望去，如同"倚天宝剑"般特别，很有几分神韵。在山的顶处，堆压的积雪连成了一条绵延的飘带。迎着耀眼的阳光，这长达几千米的飘带起伏着，以壮观的姿态，自信地在群山峻岭上飘扬。而在冰川的底

高加索山脉最高峰——厄尔布鲁士峰

部，又常常能看到细流汇集成的圆形湖泊，碧波荡漾，绮丽迷人。

著名的西高加索山保护区位于高加索山脉的最西端，1999年被遴选列入《世界遗产目录》，是欧洲至今还没有受到人类干扰的少数几座大山之一。那里的野生动物很有口福，它们独享着来自高山草原的牧草，过着优哉游哉的快乐生活。这样原生态的自然环境，从山下一直延伸到高山地带，广阔的山区森林没有遭到丝毫的破坏，如今已被列入联合国教

在高加索山脉山顶处，积雪堆压着群山，又形成一条连绵的飘带，沿山脊起伏几公里，在阳光照耀下，颇为壮观。

棕熊是陆地上体形最大的哺乳动物之一。它的嗅觉极佳，是猎犬的7倍。视力也很好，在捕鱼时能够看清水中的鱼类。

科文组织的"人与生物圈"计划。

尽管在整个山脉中，西高加索山脉并不是最高最险的山脉，但它的地质构造非常特别：从寒武纪到古生代的沉积岩、变质岩和火成岩都在这里崭露头角。在西高加索山的背脊，有许多石灰石形成的山丘。这里高耸的山峰，纯净的湖泊以及宽广的山谷都是冰河的杰作，直到现在，这里还有大约60处冰河的遗址。

西高加索山的植被呈典型的垂直分布，从山路到山顶依次生长着冷杉、白桦树、高加索杜鹃和灌木丛等。这里也是动物的天堂，棕熊、高加索鹿、狍、欧洲野牛、岩羚羊、水獭、黑鹳、金鹰、短趾鹰在这里自由自在地生活着。西高加索山脉最令人惊叹之处要数光怪陆离的昆虫世界，记载表明，该地有2500种昆虫，但实际上大约有五千多种。

如今的高加索山脉已经成为著名的旅游和疗养胜地。这里的自然风光优美迷人，吸引了来自世界各地的游人。大高加索山还为爱好山地旅行和山地滑雪的旅游者提供了一个好去处。登山大概是最能走近神话故事的方式，在透露着原始韵味的林带峰间择路而上，顶峰就是目标，坚韧与不屈似乎都与神话中英雄的精神脉络遥为传承。登临顶峰"一览众山小"的自豪且不必说，就是山路婉转，步移景换的赏心悦目也令人沉迷。

当风吹过林海，俯瞰绿波荡漾，林涛涌动，这似乎就是大自然的舞蹈。爱好高山滑雪的游客们在每年的一—三月份到高加索山区的埃里布鲁斯和多巴伊，那里有设备齐全的滑雪场，能为爱好滑雪的游客提供各种各样贴心的服务，体验瞬间滑行带来的惊喜和惬意。

在索契地区的最高点的瞭望塔上，可以欣赏到高加索山的全景和风景如画的海岸。索契的海岸也绵延着大片天然海水浴场，这些浴场自然条件优越，服务设施完备。从五月中旬到十月底，是可以游泳的季节，在索契一年中平均有240天是晴天。

索契位于俄罗斯的黑海沿岸，高加索山脉几乎完全挡住了来自北方的冷空气，而被太阳晒了整整一个夏季的海水也慢慢释放出热量，在气温较低的季节里成了一个取之不尽的热源。因此，这里气候温暖湿润，四季如春，是地球最北端唯一一块属于亚热带气候的地区。

这里自然涌出的水温为22℃，它的医疗特性，在古罗马时代就远近闻名。无论是苏联领导人斯大林、赫鲁晓夫、戈尔巴乔夫，还是两位俄罗斯总统叶利钦和普京，都喜欢来这里度假。索契是俄罗斯有名的"夏都"，是俄罗斯最大最著名的疗养胜地，其作为疗养度假胜地的历史已经长达一百多年。

除索契外，高加索地区著名的旅游胜地还包括格鲁吉亚。格鲁吉亚山川秀丽，景色宜人，是世界著名的葡萄酒产地和旅游胜地。几乎每个格鲁吉亚人都会讲述那个美妙动人的传说：上帝给世界各个民族分封土地，格鲁吉亚人因醉酒酣睡迟来了一步，待他们赶到上帝跟前，全球的土地已被分发完毕，于是上帝只好将藏在胸襟里那块留给自己享用的宝地分给了爱喝酒的格鲁吉亚人。

对于喜欢山地旅行和滑雪的游客来说，高加索山绝对是一个好的去处，品味神话故事，享受登临的苦乐快感以及滑雪的惬意和惊喜，当然还有温泉和异域的风情在等着你。

文话天下

长期以来，人们认为厄尔布鲁士山是一座死火山。但是在20世纪下半叶，科学家们发现，有含硫的所谓热气直接从永久的冰川下面冒出来。这说明，厄尔布鲁士山并非是死火山，而是一座休眠的火山，它可以在任何一刻苏醒。

几个世纪以来，人类的活动未对西高加索的绝大部分地区构成威胁，只是近年来，外围地区受到了伐木、放牧以及打猎的影响，但与人类破坏自然资源的现实相比，西高加索可以称得上是生命的一片"乐土"了。

阿尔卑斯山脉

No.004 >>> **Aerbeisishanmai**

阿尔卑斯山脉自北非阿特拉斯延伸，穿过南欧和南亚，直到喜马拉雅山脉，从亚热带地中海海岸法国的尼斯附近向北延伸至日内瓦湖，然后再向东北伸展至多瑙河上的维也纳。欧洲许多大河都发源于此，水力资源丰富，为旅游、度假、疗养胜地。

文话天下

阿尔卑斯山脉山区的交通很发达。1871年，在法国和意大利之间的塞尼山开凿了第一条铁路隧道。1922年竣工的瑞士和意大利间的辛普朗隧道，是世界上最长的隧道之一。1980年建成的圣哥达隧道，为当时世界上最长的公路隧道。

阿尔卑斯山脉是耸立在欧洲南部的著名山脉，它西起法国东南部的尼斯附近地中海海岸，经意大利北部、瑞士南部、列支敦士登、德国西南部，东止奥地利的维也纳盆地。全长约1200千米，宽130～260千米，平均海拔3000米左右。瑞士边境的大圣伯纳德山口附近，是山系最窄的部分，也是高峰最集中的山段。勃朗峰是整个山脉的最高点，海拔约4810米，位于法国和意大利边界。

阿尔卑斯山脉遍及法国、意大利、瑞士、德国、奥地利和斯洛文尼亚的部分地区。其中，仅有瑞士和奥地利可算作是真正的阿尔卑斯型国家。

虽然阿尔卑斯山脉并不像其他第三纪时期隆起的山脉，如喜马拉雅山脉、安第斯山脉和落基山脉等那样高大，但是它对说明重大地理现象却很重要。阿尔卑斯山脊将欧洲隔离成几个区域，是许多欧洲大河和多瑙河许多支流的发源地。从阿尔卑斯山脉流出的水最终注入北海、地中海、亚得里亚海和黑海。

阿尔卑斯山除了主山系外，还有四条支脉伸向中南欧各地：向西一条伸进伊比利亚半岛，称为比利牛斯山脉；向南一条为亚平宁山脉，它构成了亚平宁半岛的主脊；东南一条称迪纳拉山脉，它纵贯整个巴尔干半岛的西侧，并伸入地中海，经克里特岛和塞浦路斯岛直抵小

卫星拍摄的阿尔卑斯山脉全貌

亚细亚半岛；东北一条称喀尔巴阡山脉，它在东欧平原的南侧一连拐了两个大弯然后自保加利亚直临黑海之滨。

在阿尔卑斯山脉范围内，各地的高度和形态大不相同：有主山脉周围低洼的前阿尔卑斯形成褶皱的沉积物，也有内阿尔卑斯结晶体地块。从地中海到维也纳，阿尔卑斯山脉可分为西段、中段和东段，各段都有几个不同的小山脉。

中阿尔卑斯山脉坐落在从瑞士——

阿尔卑斯山脉是西欧自然地理区域中最显要的景观

意大利边界上，在阿尔卑斯山脉的最高峰勃朗峰以东的大圣伯纳山口地区到科莫湖以北的施普吕根山口地区；东阿尔卑斯山脉，包括有瑞士的拉蒂舍山脉、意大利的多洛米蒂山脉、德国南部和奥地利西部的巴伐利亚阿尔卑斯山脉、意大利东北部和斯洛维尼亚北部的尤利安阿尔卑斯山脉；西阿尔卑斯山脉，从海岸向北伸展，穿过法国东南部和意大利西北部，抵达瑞士的日内瓦湖和隆河河谷。

　　阿尔卑斯山脉地处温带和亚热带纬度之间，成为中欧温带大陆性湿润气候和南欧亚热带夏干气候的分界线。山地气候冬凉夏暖，阳坡暖于阴坡。高峰全年寒冷，但因地而异。冬季山上有积雪，如勃朗峰 3000 米处，年降雪量厚达 20 米。阿尔卑斯山区常出现焚风，所到之处，常引起冰雪迅速融化或雪崩而造成灾害。

　　在谷底和低矮山坡上生长着各种落叶树木，其中有椴树、栎树、山毛榉、白

阿尔卑斯山脉最高峰——勃朗峰

杨、榆、栗、花楸、白桦、挪威枫等。海拔较高处的树林中，最多的是针叶树，主要的品种为云杉、落叶松及其他各种松树。因为落叶松具有较好的御寒、抗旱和抵抗大风的能力，可在高海拔处生长。

　　有少数动物能适应高山环境。虽然熊已消失，但高地山羊却被意大利皇家猎物保护区所挽救。旱獭在地下通道中越冬。山兔和雷鸟冬季变成白色作为保护色。在一些小山脉的中间设有几座国家公园，可使当地的动物得到保护。

　　在 19 世纪中叶以前，阿尔卑斯山脉的经济基础主要是农业和畜牧业。虽然后来农场已被普遍抛弃，但在主要山谷和横向山谷中位置良好的地区，农业依然存在。在瑞士谢尔和马蒂尼之间炎热而干燥的隆河谷，是大片栽培水果、蔬菜的灌溉区，在谷底和山坡都有一望无际的葡萄园可为酿造优质葡萄酒提供原料。

　　在很长的历史时期中，阿尔卑斯山脉崎岖而险峻的地形就是交通运输的大障碍。自塞尔特人时代起直至今日，山口是山谷与山谷之间的交通纽带，没有这些纽

阿尔卑斯山的滑雪季于圣诞节前到四月底

带，山谷就会封闭而孤立。山口简易的道路，现已铺设成多车道的公路。

近年来，阿尔卑斯山脉最显著的经济变化是兴起了群众性的旅游业。阿尔卑斯山脉的旅游业是具有风险的事业：投资相当巨大，收回开支的季节很短，而且可能要受到邻国经济困难或冬季少雪、夏季出现凉爽而淫雨天气的毁坏。旅游业已给阿尔卑斯山区各国注入了巨额奖金，这对海拔高的横向山谷边远村庄特别有利。在服务部门的就业机会已大为增加，弥补了工农业所带来的不景气。

阿尔卑斯山景色十分迷人，是世界著名的风景区和旅游胜地，被世人称为"大自然的宫殿"和"真正的地貌陈列馆"。这里还是冰雪运动的胜地，探险者的乐园，以其挺拔壮丽装点着欧洲大陆。它是欧洲最大的山地冰川中心，山区覆盖着厚达1千米的冰盖。有各种类型的冰川地貌，冰蚀地貌尤为典型。只有少数高峰突出冰面构成岛状山峰。

许多山峰角峰锐利，山石嶙峋，峻峭挺拔，并有许多冰川侵蚀作用形成的冰蚀崖、角峰、冰斗、悬谷、冰蚀湖等以及冰川堆积作用的冰碛地貌。还有1200多条现代冰川，总面积约4000平方千米。中阿尔卑斯山麓瑞士西南的阿莱奇冰川最大，长约22.5千米，面积约130平方千米。山地冰川呈现一派极地风光，是登山、滑雪、旅游胜地。阿尔卑斯山的冰川作用形成许多湖泊，最大的湖泊莱芒湖，另外还有四森林州湖、苏黎世湖、博登湖、马焦雷湖和科莫湖等。

可惜的是，阿尔卑斯山脉美丽的景色在给人们带来享受的同时，自己的环境却遭到了破坏。自20世纪中期以来，人流的冲击已使阿尔卑斯山区环境不断恶化。空气质量逐渐恶劣；河流和湖泊的水受到污染；因建筑滑雪场和道路造成山坡受侵蚀；倾倒固体和有机的废弃物；为了建筑，采掘岩石、沙砾而造成的侵蚀；酸雨给森林所带来的破坏。这些，是不是应该引起我们足够的重视了呢！

▼ 在德国境内的阿尔卑斯山脉变幻万千的迷人景色

比利牛斯山脉

No.005 >>> Biliniusishanmai

比利牛斯山脉是欧洲西南部的山脉,法国与西班牙两国界山。东起地中海海岸,西止大西洋比斯开湾畔,是欧洲大陆与伊比利亚半岛的天然屏障。山脉构造具有阿尔卑斯山脉的特征,山区气候和植被垂直变化明显。

比利牛斯山脉是欧洲西南部最大山脉,也是法国和西班牙两国界山。按照它的自然特征,可分为三段:西比利牛斯山,从大西洋岸至松波特山口,大部分由石灰岩构成,降水丰沛,是法国和西班牙之间的通道;中比利牛斯山,从松波特山口往东至加龙河上游河谷,群峰竞立,山势最高,海拔3000米以上山峰有5座,主要由结晶岩组成,最高点阿内托峰海拔3404米;东比利牛斯山,从加龙河上游至地中海岸,也称地中海比利牛斯山,由结晶岩组成的块状山地,有海拔较高的山间盆地。

比里牛斯山脉是欧洲大陆与伊比利亚半岛的天然屏障,气候和植被垂直变化明显。山地大多被森林覆盖。矿藏主要有铁、锰、铝土、硫磺、汞和褐煤等。由于比利牛斯山脉是阿尔卑斯山脉主干西延部分,它也具有阿尔卑斯山脉的特征,但它不像阿尔卑斯山脉,是近代活

卫星拍摄的比利牛斯山脉全貌

跃的造山运动的产物。

北部山坡的气候类型属于温带海洋型,山间生长着大片的山毛榉和针叶林。南部山坡则属于亚热带夏干型气候,植被大多是地中海型硬叶常绿林和灌木林。从整体看,比利牛斯山具有明显的垂直变化规律,低海拔地区多为地中海型植物石生栎、油橄榄、栓皮栎等;随着海拔渐渐升高,依次为:落叶林分布带、山毛榉和冷杉混交林带、高山针叶

林带和高山草甸。高海拔区常年被冰雪覆盖。

山区自然景色绚丽，是重要的旅游胜地和登山滑雪活动场所。来此参观旅游的人络绎不绝，其中西班牙的托尔拉和法国的加瓦尔尼村庄是两处最吸引人的亮丽景点，具有登山爱好者所厚爱的岩石表面和壮观的瀑布。

自从旧石器时代，居民就已经开始在比利牛斯山区居住，在西班牙与法国的长期交往中，山脉起着重要的作用，以比利牛斯山脉为界，附近的西班牙与法国在文化上具有极大的相似性，特别是使用梯田的方式和特点。

山中的比利牛斯山国家公园成立于1967年，此地部分壮观景致冠称欧洲第一，包括了大量蝴蝶飞翔的草地和终年积雪的高山峰顶。海拔的高度和气候的变化颇大，因而区内拥有多样化的动植物。

绵延比利牛斯山的山谷虽然阻隔了法西两国间的交流与交通，但几个世纪来两地的人民却能和平相处。山区的高纬度、地形与气候，造成当地艰苦的生活条件，牧羊人常常互相帮助，共渡难关。

文话天下

比利牛斯山脉是许多民族的生息地，其中有安道尔人、加泰隆人、贝阿恩人和巴斯克人。巴斯克人是最著名的比利牛斯山民族，他们说一种非印欧语系的语言，具有奋力捍卫自己自治领地的悠久历史传统。

▼ 徒步旅行是探索比利牛斯山美景最热门的方式

巴尔干山脉

No. 006 >>> **Baerganshanmai**

　　巴尔干山脉是巴尔干半岛的主要山脉,为阿尔卑斯—喀尔巴阡山脉的延伸。西起南斯拉夫边境的蒂莫克河,横贯保加利亚中部,东抵黑海,绵延555千米,平均宽50千米。水力资源丰富,多岩洞、温泉和矿泉。矿藏有煤、石墨、铅、锌、铁等,是旅游和疗养胜地。

文话天下

　　巴尔干半岛为前南斯拉夫的领土,在上世纪90年代初期先后独立。巴尔干半岛和其他巴尔干半岛的酒商,积极寻求复兴酒业的方法,希望提高葡萄酒质量,以获得认证跟比赛奖项为目的,打响了巴尔干半岛葡萄酒的名号。

▼　巴尔干山脉除了冬天被厚厚的白雪覆盖外,是一座容易攀登的高山。

　　巴尔干山脉在古希腊时期,被当时的历史学家称为"珂埃蒙",罗马人又称之为"赫穆斯"。"赫穆斯"在希腊文中是血的意思,因而巴尔干山又称为"血山"。围绕着这座血山,流传着许多动人的传说。一位风火神在沿着高山登天时,被天神宙斯杀死,它的鲜血染红了满山遍野。

　　保加利亚语称巴尔干山为"老山山脉"。它横贯保加利亚全境,是多瑙河和爱琴海及马尔马拉海的分水岭,被称为巴尔干半岛的"脊梁"。山脉分西、中、东三段,其中,中段海拔最高。主峰博泰夫峰,海拔约2376米。随处可见岩洞、温泉和矿泉,是旅游和疗养胜地。

　　巴尔干山脉中的布兹鲁查峰上建起了一座人民公园,

树起了高达 78 米的纪念碑，纪念保加利亚的革命先烈，以激励保加利亚人民继续为民族独立而斗争。

著名的玫瑰谷也在巴尔干山间。这里受地中海暖流影响，空气湿润，给玫瑰的生长提供了有利的条件。相传从 17 世纪起，这里就从小亚细亚引进玫瑰，现在盛产珍贵的玫瑰油。之所以说它珍贵，是因为大约 3000 ～ 3100 千克的玫瑰花才炼出 1 千克玫瑰油，价值比黄金还要昂贵得多。

巴尔干山千变万化的风姿，使它的每个部分都独具魅力。但最美丽和最生动的景观要数截断巴尔干山的伊斯克隘口。伊斯克隘口主体部分长 67 千米，伊斯克河水通过隘口，两岸风光秀丽。伊斯克隘口是奇异的岩石世界，由红色砂岩、透明和浅灰色的灰岩、绿色页岩和粒状辉绿岩组成的五光十色的岩层，令人眼花缭乱。在隘口的留蒂勃罗德一侧出口处，是著名的岩石帷，这个别具风格的岩石构造，经过河水的切割，像大车棚两边的车厢，陡峻地耸立在河岸。岩石帷附近的拉绍夫山谷，是 1876 年 6 月一支起义支队抗击土耳其统治的革命遗迹。

保加利亚风景秀丽的小城克里苏拉坐落在山中。克里苏拉在奥斯曼时代称为"奥登克里拉"，意为"两山夹持中的黄金路"。克里苏拉城绿树葱茏，依山傍水，吸引了大批旅游者。

巴尔干山脉也拥在丰富的矿藏，为保加利亚提供了巨大的财富。这里的煤炭、金属、木材和石料，以及水力、电力和牧场、果园，在保加利亚国民经济中起着重要作用。巴尔干山中段的什普卡隘口和弗拉特尼克之间，是闻名世界的巴尔干煤田。这一煤田蕴藏丰富，是保加利亚炼焦煤的主要产地。可以说，巴尔干山脉记载着保加利亚的过去和现在，是保加利亚人民钟爱的一座大山。

喀尔巴阡山脉

No. 007 >>> **Keerbaqianshanmai**

　　喀尔巴阡山脉是欧洲中部山系的东段部分,绵延约 1450 千米,穿过捷克共和国、斯洛伐克、波兰、乌克兰和罗马尼亚。西喀尔巴阡山是喀尔巴阡山脉最高的一段,同时也是最宽的一段。这一段从布拉迪斯拉发到杜克拉山口,外、中、内三条构造带的分布十分明显。

卫星拍摄的喀尔巴阡山脉全貌

喀尔巴阡山位于利沃夫市西南 100 余千米处,素有"森林公园"的美誉,是乌克兰最大的滑雪基地。这里的冬季是最美的,是一个银装素裹的世界,世界各地的人们纷纷慕名前来滑雪。它是阿尔卑斯山脉的东部延伸,全长大约 1450 千米,是仅次于阿尔卑斯山脉的欧洲第二大山系。从斯洛伐克布拉迪斯拉发附近的多瑙河谷起,经波兰、乌克兰边境到罗马尼亚西南多瑙河畔的铁门,呈半环形横卧大地。喀尔巴阡山脉的海拔一般在 2000 米以下,由于地势不高,冰川地貌仅出现在少数几座较高的山峰。

　　喀尔巴阡山脉可以划分为西喀尔巴阡山、中喀尔巴阡山、东喀尔巴阡山、南喀尔巴阡山、比霍尔山地及特兰西瓦尼亚高原六段,每段特点各有不同。值得一提的是,西喀尔巴阡山是喀尔巴阡山脉最高的一段,同时也是最宽的一段。它北部的格尔拉赫峰是全喀尔巴阡山脉的最高峰,海拔 2655 米,这里有角峰、冰斗、悬谷等冰蚀地貌。比霍尔山主要由古老花岗岩和结晶片岩构成,山势浑圆,呈块状地貌。特兰西瓦尼亚高原的表层由呈水平状分布的第

文话天下

　　罗马尼亚喀尔巴阡山脉牧羊犬,是杰出的畜牧守卫犬。几个世纪前直至现在,该犬种的用途和特征没有发生过变化。2002 年 3 月 30 日,罗马尼亚科技委员会根据世界犬业联盟的模式改写了该犬种的标准。

三系岩层构成，夹有石膏层和岩盐层，这里由于受风化作用而呈丘陵地貌，是喀尔巴阡山脉中最大的山间盆地。

喀尔巴阡山脉的雨水、雪水成为许多大河的水源，这些河流有多瑙河、奥德河、维斯瓦河等，它们的洪水期一般在春季和夏季。喀尔巴阡山脉和许多大山一样，植被和土壤呈垂直分布。北坡海拔 550～600 米和南坡 700～800 米以上的地带为山毛榉林，以下为栎林和棕色林。

喀尔巴阡山山区是全罗马尼亚乃至全欧洲最富庶的牧区。这里几乎看不到耕地，举目皆是森林、牧场和牛羊。偶见东正教教堂的钟楼在前方高高耸起，那便意味着山间有一座村镇出现了，眼前便迎来了一幢幢散落在草坡上的牧民们的小木楼。那木楼，多为两至三层，造型各异，色彩不同，其建筑的精美程度大大超过多瑙河平原地区的农舍，远远望去，简直就是仙境。主人们利用屋顶的或尖或方，门楼的或高或低，窗台的

喀尔巴阡山脉与阿尔卑斯山脉大不相同，它的结构较松散，被盆地分割成许多山块。

或凹或凸，廊柱的或粗或细，以及屋瓦坡面的不同朝向和倾斜度，构成与左邻右舍绝不相同的式样。

在这如诗如画的喀尔巴阡山腹地，生活着昔日的达契亚人，今日的罗马尼亚民族。这是个热爱和平，崇尚自由，勤劳勇敢，热情好客的民族。他们就像森林和野草一样扎根在自己的土地上。正如已故著名作家萨多维亚努在其名著《斯特凡大公》一书中所写："他们既不贪图钱财，也不贪图赫赫威名。耕耘土地和定期放牧的生活是恬淡的，日出而作，日落而息，一年四季守着自己的家园和故土。他们对物质的需求是简朴的，却创造了精神财富。"

喀尔巴阡山脉的最高峰——格尔拉赫峰

斯堪的纳维亚山脉

No.008 >>> Sikandinaweiyashanma

斯堪的纳维亚山脉也叫"基阿连山脉"，从山麓向上分布着阔叶林、针叶林、高山草地。矿藏有铁、铜、钛、黄铁矿等。山脉西坡的挪威沿海，由于冰川槽谷受海水侵入而形成一系列典型海湾。狭长、幽静的海湾，高峻、奇丽的山崖景色诱人，是船舰良好的停泊地点。

▲ 卫星拍摄的斯堪的纳维亚山脉全貌

文话天下

斯堪的纳维亚半岛上，有挪威、瑞典两个国家，同时也包含了芬兰的西北部。挪威和瑞典在13世纪前主要以海盗掠夺为生，曾经是威震北海的霸主。在后来的一百多年，两国远离欧洲战火，全力发展经济，取得了很好的成绩，成为了富裕的挪威和瑞典。

斯堪的纳维亚山脉也叫"基阿连山脉"，坐落在欧洲北部，位于斯堪的纳维亚半岛的东南部，纵贯半岛。北起巴伦支海，西傍挪威海，南临斯卡格拉克海峡，东濒波罗的海海岸平原。长约1700千米，平均海拔大约1000米，最高峰加尔赫峰海拔2469米。

斯堪的纳维亚山脉的最高峰是挪威的加尔赫峰，海拔2468米。它曾受古代冰川侵蚀，地势比较平缓，沿海形成许多深入内陆两岸陡峭的峡湾，个别地区有冰川覆盖。山脉东坡为诺尔兰高原，阶梯式地向波的尼亚湾递降。冰蚀地貌特征显著，除大量的冰斗和冰川槽谷外，并多冰川湖泊。仅瑞典一国就有大小湖泊9.2万个，总面积达3.8万平方千米。

山脉西坡的挪威沿海，由于冰川槽谷受海水侵入而形成一系列典型海湾。由于海岸线曲折，长度往往超过100千米。狭长、幽静的海湾，高峻、奇丽的山崖，景色诱人，是船舰良好的停泊地点。瑞典的铁矿著名，是世界上地下开采最大的铁矿。挪威沿海又是世界上最大的渔场之一，捕鱼量一向居世界前列。

从地质学上来说，斯堪的纳维亚山脉与苏格兰、爱尔兰以及北美洲的阿巴拉契亚山脉同源，早在盘古大陆之时便已形成，是史上最雄伟的加里东山系的残余部分。由于长期受冰川侵蚀，发育有大量陡峭山峰。西部沿海迎风坡是温带海洋性气候，东部背风坡是温带大陆性气候，北部大部分是亚寒带大陆性气候，东北部北冰洋沿岸是寒带苔原气候。

斯堪的纳维亚山脉的最高峰——加尔赫峰

在斯堪的纳维亚长大的孩子，都听过在这里已经流传很久的故事：在很久很久以前的一个冬天的夜晚，一个国王跟他的士兵们围坐在火旁。忽然，一只小鸟从一个开着的门里飞进来，又从另一个门里飞了出去。国王说道，"这鸟啊，跟人生在世一样，从黑暗里飞来，又向黑暗飞去；温暖与光明，对它都是短暂的啊……"这时一个最老的士兵回答道，陛下，就是在黑暗里，小鸟也不会迷失方向，它会找到它的归宿。

这个古老的传说，告诉了我们一个古老的道理，生命虽然短暂而且渺小，但是世间伟大的一切却是由人所创造的。一个人如果能够意识到自己的这种崇高责任，那就是他的无尚光荣。

从地质学上来说，斯堪的纳维亚山脉是史上最雄伟的加里东山系的残余部分。由于长期受冰川侵蚀，发育有大量陡峭山峰。

阿特拉斯山脉

No. 009 >>> **Atelasishanmai**

　　阿特拉斯山脉是非洲最广大的褶皱断裂山地区。山脉长约1800千米,位于北非突尼斯、阿尔及利亚、摩洛哥三国境内,在远古时代,由于欧洲、非洲和北美洲相连。阿特拉斯山脉在地质上是阿尔卑斯运动的一部分。

▲ 卫星拍摄的阿特拉斯山脉全貌

　　阿特拉斯山脉西南起于摩洛哥大西洋岸, 东北经阿尔及利亚到突尼斯的舍里克半岛。阿尔卑斯运动中褶皱成山, 由中生代和第三纪沉积岩褶皱组成。当地居民主要为摩洛哥的柏柏尔人和阿尔及利亚的阿拉伯人。

　　在远古时代, 由于欧洲、非洲和北美洲相连, 阿特拉斯山脉在地质上是阿尔卑斯运动的一部分。山脉在非洲和北美洲相撞时形成, 当时远比今日的喜玛拉雅山脉要高。今日, 这山脉的痕迹仍然可以在美国东部的陡降线上或者在阿巴拉契亚山脉看到。西班牙南部的内华达山脉也是在同一次运动中形成的。

　　阿特拉斯山脉体系形如拉长的椭圆形, 在山脉与山脉之间有一个广阔的平原和高原综合体。它包括不同的北部山脉泰勒阿特拉斯和南部山脉撒哈拉阿特拉斯。从地质上说, 泰勒阿特拉斯山脉是与欧洲阿尔卑斯山体系相关联的年轻而褶皱的山脉。南撒哈拉阿特拉斯却属于不同的结构群, 即非洲大陆的广阔、古老的高原群。

　　山区富磷灰石、铁等矿藏。北坡属地中海式气候, 栓

皮栎是那里有名的特产。在这座绵延的
山脉上，常常可以看到果园。除北坡以
外，其余部分属半荒漠气候。山间高原
有不少盐湖，盛产阿尔法草。在阿特拉
斯区域海拔较高之处，好的土壤稀少，
常常是除了光秃秃的岩石、瓦砾以及因
山崩而不断落下的物质外，一无所有。
这里最多的就是石灰岩和泥灰岩，还有
稀少的砂岩，这些土壤都非常利于森林的成长。

阿特拉斯山脉的最高峰——
图卜卡勒山

阿特拉斯山脉的美不可胜数——粉色花岗岩峰峦勾
勒出蜿蜒的峡谷和陡峭的悬崖，宛如一幅月牙形风景画。
偶尔有一片富饶的绿洲点缀峡谷峭壁中，成群成簇的房
舍，色彩亮丽，掩映在绿色的棕榈树丛。

令你意想不到的是，阿特拉斯交通便利，是绝妙的
旅游胜地。如果你到了那里，不妨随意地租辆小车，请
驾驶员兼作导游。你可坐在租来的车上，在狭窄而又崎
岖不平的山间滑雪道探幽，晚间宿于山间客栈。漫步在
乡野，令人神清气爽，不像攀登阿特拉斯山峰时那般艰
险，而且，当地的柏柏尔部落的人待人温和友善。

阿特拉斯山脉是非洲最广大
的褶皱断裂山地区

维龙加山脉

No. 010 >>> **Weilongjiashanmai**

维龙加山脉是东非的火山群,位于爱德华湖和基伏湖之间的卢旺达、刚果民主共和国和乌干达接壤边境。由8座主要火山组成,是东非大裂谷的一部分,也是列于红色名录的山地大猩猩的栖息地。

文话天下

栖息于维龙加山脉的山地大猩猩是一种濒临灭绝的珍稀动物。山地大猩猩由于它粗鲁的面孔和巨大的身材看起来十分可怕。但实际上,它们是非常温顺的草食性动物。山地大猩猩大部分时间都在非洲森林里闲逛、嚼枝叶或睡觉。

维龙加山脉又称姆福毕罗山脉,是非洲中东部的火山山脉。在山脉中部和东部有六座死火山,以米凯诺火山和萨比尼奥火山为最老,它们始于更新世早期,火山口已经消失,侵蚀成崎岖的地形。山脉西端的尼拉贡戈火山和尼亚姆拉吉拉火山形成还不到两万年,有许多火山口熔岩仍在活动,并远流到基伍湖。

维龙加山脉位于东非大裂谷的西部,这个地区的河水一度流向北面的尼罗河。但火山的熔岩流到这里后,堆积成天然的堤坝,拦成了基伍湖,而且还塑造出曲折参差的湖岸,景象奇美。

维龙加国家公园是山脉地区著名的景观,占地八千多平方千米,地貌多种多样。约有两万头河马生活在这一地区的河畔地带。

▼ 穆哈武拉火山(左)和姆加新加火山(右)

公园里的爱德华湖属于著名的尼罗河水系。该公园千差万别的海拔高度导致了该地气候的复杂性，多方面因素的综合作用又使得这里的生态环境呈现出了多样性。生态环境类型主要包括：海拔高度不同的各个湖、湿软的沼泽地三角洲、泥沼、稀树大草原、火山岩平原、低海拔的赤道森林、高海拔的冰河及雪域，甚至某些高山顶峰上的积雪终年不化。

尼拉贡戈火山

特有的生态环境特点造就了这里异彩纷呈的植物世界。山上长着青翠的竹林，稀树大草原上生长着白茅属植物、狼尾草、阿拉伯树胶和风车子。其他地区还有金丝桃属植物、罗汉松、石南科灌木和巨大的山梗菜属植物；到了海拔4300米以上，植被稀疏，主要是一些苔藓地衣及种子植物。

说到这里，维龙加山区最可爱的主人终于要闪亮登场了——那就是一群憨态可掬的大猩猩们。维龙加山区为这濒临灭绝的珍稀动物提供了良好的生活环境和丰富的食物来源，使这种在别处已不多见的动物能在这里繁衍生息，竹林也是山地大猩猩经常光顾觅食的地方。山地大猩猩由于它粗鲁的面孔和巨大的身材看起来十分吓人。但实际上，它们是非常平和的素食者。山地大猩猩大部分时间都在非洲森林里闲逛、嚼枝叶或睡觉。

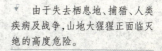

由于失去栖息地、捕猎、人类疾病及战争，山地大猩猩正面临灭绝的高度危险。

山地大猩猩生活在非洲中部很小的一块地区内，过着群居的生活，每群由一个被称为"银背"的成年雄性大猩猩领导。每一群里都有好几只雌猩猩和它们的孩子，"银背"带领大家寻找食物，并找地方让大家晚上休息，它们折弯树枝来搭窝睡觉。

德拉肯斯山脉

No. 011 >>> **Delakensishanmai**

　　德拉肯斯山脉是非洲南部主要山脉,为南非高原边缘大断崖的组成部分,旧称"喀什兰巴山"。东坡陡峻,受众多河流切割,地形崎岖破碎;面迎印度洋湿润气流,地形雨丰富。西坡平缓,微向内陆高原倾斜,因处背风位置,气候偏旱。

　　德拉肯斯山脉有许多休养所、旅馆和野营场地,这里也成为众多登山爱好者青睐的冒险之地。德拉肯斯山脉遍布着许多野生动物保护区、原始岩画景区、险峰、飞瀑,其迷人景致丝毫不逊色于世界上任何美景。

　　德拉肯斯山脉从南非东部南回归线附近起,贯穿斯威士兰西部和莱索托东部,伸延到东开普省东南部,略

▼ 德拉肯斯山脉受众多河流切割,地形崎岖破碎。

呈弧形，绵延约 1200 千米，是最佳的徒步、观赏野生动植物、骑马、攀岩和狩猎的地方。塔耳皇家国家公园也值得一去，是德肯拉斯最美丽的部分。它是注入印度洋诸河与奥兰治河水系的分水岭，也是新生代抬升的古地块边缘。

德拉肯斯北段由花岗岩和砂岩、页岩组成，久经风化、侵蚀，山体破碎，地势较低，被称为"低冰峰"。南段地表覆盖有玄武岩，山势高峻、群峰耸立，当地人称之为库亚兰巴，意思是"万矛高举之屏障"。东坡陡峻，森林密布，湿润的印度洋气流经抬升形成丰富的降雨，多瀑布、急流，其中图盖拉瀑布是非洲落差最大的瀑布，气势磅礴，宏伟壮观。西坡缓平，向内陆高原微倾，因地处背风地带，多草原、灌丛。

德拉肯斯山脉两侧呈阶梯状降低。东坡陡峻，受众多河流切割，地形崎岖破碎。这里，有大片的草原和灌丛。东西两侧的农业也因为地理位置和气候的不同而特点迥异，东南侧沿海低地和丘陵是甘蔗、菠萝重要产区，西侧内陆高原是谷类生产和养畜区。山地有多处休养所和野营地，也是冬季主要登山运动场地。

莱索托境内山脉河流切割出深谷，多瀑布。德拉肯斯山脉冬季白雪皑皑，对登山运动者极富魅力，但有几座山峰因攀登困难至今仍无人到达。海拔 300 米以上有石楠属长青灌木和雏菊，更高处有石楠、柏树、山地凤尾蕉类植物和糖枫林等。

在这片山脉地区，当属德拉肯斯公园最为著名，它是南非最重要的考古地区之一。这里的考古遗址从石器时代早期、中期到晚期，再到铁器时代，证明了该地区的人类居住活动很可能贯穿了前 100 万年。大约 8000 年以前，撒恩族人开始了在这片土地上的繁衍生息。

德拉肯斯公园自然风光秀丽迷人，撒恩族人在这里的岩洞里和岩层上留下了无数宝贵的岩画财富。

文话天下

南非是非洲经济最发达的国家。有良好的道路系统，豪华五星级的住宿，旅行服务设施完善。而且黄金、金刚石的储量和产量均居世界第一位，著名的 Debeers 公司控制了世界钻石销售量的 70%。南非人视羊为宠物，对双角卷曲的羚羊尤为喜爱。

图盖拉瀑布是世界第二高的瀑布

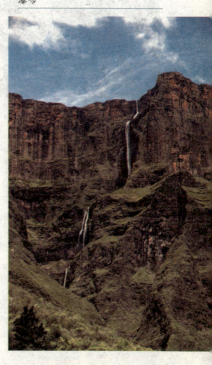

落基山脉

No.012 >>> **Luojishanmai**

落基山脉被称为北美洲的"脊骨"，这条巨大的山脉南北狭长，北至加拿大西部，南达美国西南部的得克萨斯州一带，几乎纵贯美国全境。除圣劳伦斯河外，北美几乎所有大河都源于落基山脉，是大陆重要分水岭。

▲ 卫星拍摄的落基山脉地形图

落基山脉所包含的各条山脉从亚伯达省北部和不列颠哥伦比亚省向南延伸，经美国西部至墨西哥边境，全长约4800千米。和其他山脉不同，落基山脉的界线大多不易确定，尤其是西北边远地区，经常将阿拉斯加的布鲁克斯山脉归入落基山脉。这里有终年积雪的山峰、茂密的针叶森林、宽广的山谷、清澈的溪流、开阔的天空和丰富的矿藏资源，数百万人在这里居住和劳作，每年更有数百万人到此旅行游览。落基山脉有北美大陆最受欢迎的旅游胜地。

落基山最初为巨大的地槽地区，到白垩纪初期还只是浅海，第三纪时发生了大规模的造山运动、火山爆发，地壳发生了强烈的褶曲与压缩，山脉再度隆起，形成了高大的花岗岩山系；第四纪时，冰川的作用又留下了陡峭的角峰、冰斗、槽谷等冰川侵蚀的地貌特征，再加长期的地壳变动，逐渐形成落基山的现状。

在这个地域有被称为"布尔吉斯页岩"的地层。在寒武纪中期（5.13亿年前～5.10亿年前）的地层，接连发现了名叫"奇虾"及"怪诞虫"的化石，与现在的生物相比，它们的形状实在不可思议。1980年，发现有布尔吉斯页岩的约霍国家公园首先被列选为世界自然遗产。后来，在1984年，入选为自然遗产的区域扩大，而成为加拿大落基山脉公园群。

诸多山脉高耸入云，白雪覆顶，极为壮观。大部分山脉平均海拔达2000～3000米，有的甚至超过了4000米。在加拿大境内，由贾斯珀、班夫、库特内、和约霍四个国家公园和罗布森山、阿西尼博因山和汉姆伯三个省立公园，组成了"加拿大落基山脉公园群"。

落基山脉南北延伸甚远，气候多样，南端为亚热带北缘气候，北端为北极气候。但南部因山脉为大陆性，海拔高，纬度变化造成的影响往往减弱。有两个垂直气候带贯穿山脉的大部分。较低的一个气候带为寒温带，冬冷夏凉，是北美大陆重要的气候分界线。对极地太平洋气团东侵和极地加拿大气团或热带墨西哥湾气团西行起屏障作用，导致大陆东、西降水的巨大差异，并对气温分布产生一定的影响。

落基山脉是伟大的众河之源，也是北美大陆最重要的分水岭，除圣劳伦斯河外，北美几乎所有大河都发源于此。山脉以西的河流属太平洋水系，山脉以东的河流分别属北冰洋水

▲ 落基山脉的最高峰——埃尔伯特峰

▼ 巍峨的落基山脉绵延起伏，自北向南，有数千千米之长。

系和大西洋水系。落基山脉积雪融化补充河流和湖泊的水源，占美国全部淡水水源的 1/4，从落基山脉发源的河流流入三个大洋：太平洋、大西洋和北冰洋。

落基山脉地区的植物群落因高度、纬度和日照而有极大不同。在科罗拉多和新墨西哥的东坡，冬天的强风从干旱的平原而来，使散落的雪松和矮松发育不良或变形。在这一山系终端较低海拔处通常无树，只有河流沿岸有一片片三角叶杨和其他落叶树。河谷和盆地中有灌木蒿，往北远至亚伯达南部。

南部落基山地包括怀俄明盆地以南或北普拉特河上游东岸向南的山地。这部分山地大多呈南北走向，平行罗列，而且许多山峰挺拔陡峭，郁郁苍苍，山间小溪到处可见，水流清冽、山花摇曳，百鸟争鸣，十分迷人秀丽。

北部落基山地包括黄石公园北部到加拿大境内的山地。这部分山地过去冰川活动十分活跃，由于冰川的作用，形成特殊的地貌。山地主要由水成岩构成，庄严的山峰和"U"形的山各代替了松软的高原。北部山地复杂的地层结构和强烈的火山作用，蕴育了丰富的有色金属矿藏。

中部落基山地以高原为主，中间有些山块。这里地质构造复杂，受火山影响很大，产生了许多温泉和间歇泉。黄石公园的"老实泉"就是驰名世界的间歇泉。中部山地还有一个巨大的怀俄明盆地，四周高山环绕，气候干燥，年降雨量大多少于 350 毫米，几乎寸

落基山脉诸多山脉高耸入云，白雪覆顶，极为壮观。

草不生，属于半荒漠景观地带。落基山脉雄伟壮观，风光独特，美国政府早在此地兴建了三座国家公园，即黄石公园、冰河公园和大台顿公园，吸引了大批游客前来观光、旅行、度假。

落基山脉的麋鹿

在整个落基山脉中，最著名的就是国家公园群了。坐落在加拿大西南部的落基山脉国家公园群，是世界上面积最大的国家公园。1984年联合国教科文组织将它作为自然遗产，列入《世界遗产名录》。

被群山环绕的麦林湖、麦林峡谷是公园内不可多得的胜地。幽鹤公园位于班夫公园的西方，是巧妙地利用大溪谷、冰河、湖泊等自然景观开设的公园，园内的翡翠湖碧绿的湖面照出巴哲斯山的倒影，塔卡考瀑布以410米的落差发出巨响。园内伯吉斯谢尔岩石里有150多块寒武纪中期的海产化石，其中一些已不为今人知晓。

贾斯伯国家公园是加拿大落基山脉公园群中最大的。这里有宽阔的山谷，叠嶂的山脉，壮观的冰河、森林、牧场。发源于哥伦比亚冰原的阿萨巴斯卡河沿着东面落基山脉的斜坡流入风光无限的大奴湖和马里努胡。这里有水温54℃的温泉，有超过1200千米的徒步浏览路线和数条山色壮丽的驾车旅游路线。它南部与班夫国家公园相连，人们可以驾车通过冰原公路直接到达。这条公园道路将使您在旅行的同时领略到无与伦比的秀美景色。

身边厚重的哥伦比亚冰原横跨在高低起伏的山巅，就像是陆地的分界线。在这里，你可以看到数量众多的麋鹿、加拿大盘羊和灰熊、美洲狮、狼等一些大型动物。完整的自然生态系统在落基山脉的国家公园群中被保存下来，展示给我们的是一个生机勃勃的落基山脉。

阿巴拉契亚山脉

No.013 >>> **Abalaqiyashanmai**

由于阿巴拉契亚山脉地区有着丰富的矿藏,英国在北美最初的13个殖民地就建在阿巴拉契亚山脉与大西洋之间的狭长地带。如今阿巴拉契亚山已成为美国的旅游胜地之一,这里已开辟了四个国家公园、众多州立公园和游览地。

▲ 阿巴拉契亚山脉地区已发展成北美洲主要休闲地区之一

阿巴拉契亚山脉,也称阿巴拉契亚高地,是一条位于北美洲东部的巨大山系。阿巴拉契亚山脉是大西洋与北美大陆内部广袤的低地之间一道天然屏障。山脉从加拿大的纽芬兰省起,经过美国东部,向南一直到拉巴马州中部,呈现为东北——西南走向,全长约2600千米。其中,最高峰米切尔山海拔2037米,是美国东部的最高点。

地球上的山脉有些很年轻,比如喜马拉雅山脉,它至今还在不断地"长高";有些山脉却已经很古老,阿巴拉契亚山脉就是地球上最古老的山脉之一。古老的山脉在漫长的地质年代中,逐渐被风雨侵蚀,削磨了壁立千仞的雄姿,而变成了平缓的高原、丘陵和谷地。阿巴拉契亚山脉多数区段的海拔仅为300～600米,只有局部地带保持海拔较高的狭长山地。

山脉大致以纽约附近为界,分西南和东北两区。西南区自东向西依次排列着山麓台地、蓝岭、岭谷区和阿巴拉契亚高原四个地貌单元。前两者岩性古老,主要由前寒武纪和下古生代变质岩和花岗岩组成;后两者以上古生代沉积岩为主。山麓台地向东缓倾,与沿海平原以陡崖相接,河流经此陡落,构成著名的"瀑布线"。岭谷区有一系列平行褶皱和冲断层，经长期差别侵蚀，较硬的岩石成为山岭，较软的岩石被磨蚀而变成山谷，表现了岭谷相间的地形特征，发育格状水系。

在阿巴拉契亚山脉，瀑布是非常常见的自然景象。但是，你知道南北两边的瀑布形成的原因各不相同吗？在北部，尤其是纽约州至缅因州一带，由于冰帽融化，周围山峰上的冰碛或岩屑沿溪流结成许多浅滩，使流水如翻越台阶般急剧而下，于是瀑布就这样形成了。而在南部，大多数瀑布则是由在相间排列的软石层和硬石层上产生的水流作用而形成。

阿巴拉契亚地区气候一般温和而湿润，但对比却很明显。加拿大的各山脉和怀特山脉的总统峰群中以极地气候和亚极地气候为主。乔治亚州西北部和阿拉巴马州东北部和中北部山中的低海拔地带通常天气较暖。阿巴拉契亚山脉全境常常阴霾密布，往往不利于旅游观光活动，但养育了大量植物并培育了密布的河网。

从缅因州到乔治亚州的阿巴拉契亚山脉曾几乎完全覆盖着森林，如今世界上一部分最好的、最大的阔叶林仍在此区和其周边地区繁茂生长，尤其是在阿巴拉契亚山南部。阿巴拉契亚山脉森林茂密，自北而南有云杉—冷杉林、桦、山毛榉、椴、糖槭、铁杉、白松和栎树林等。山脉南部生长着全世界最大片面积的阔叶落叶树森林，森林中还生长着一些针叶树林；山脉的北部

阿巴拉契亚山脉有着如画的自然风光，吸引着无数人前去旅游观光。

则主要为针叶树和其他硬木树构成混合林。在大雾山的西坡生长着世界最高最粗的树木——这要归功于这里高达 2286 毫米的年降水量。在众多会盛开艳丽的花朵的灌木中，最耀眼的是映山红和山月桂。阿巴拉契亚山南部的某些山顶被称为欧石楠荒原，在开阔的草地上间杂著密集成丛的欧石楠。在尤内卡山脉的罗恩山，就有大片欧石楠荒原的地点之一，大片大片颜色艳丽的玫瑰，以及粉红、紫色的杜鹃蔓生的天然花园。

如果你有兴趣的话，在山区的最北端还能找到北美驯鹿和驼鹿。在其他地区，还有黑熊、白尾鹿、野猪、狐狸、浣熊、河狸和大量的其他小动物。从加斯佩半岛到乔治亚州的阿巴拉契亚山所有地区，都有种类繁多的鸟类，仅大烟山脉就有约两百种不同的猎鸟和鸣禽。动物有黑熊、浣熊、白尾鹿、野猪等。

现如今，阿巴拉契亚山脉地区已发展成北美洲主要休闲地区之一。从缅因州的卡塔丁山延伸至乔治亚州的斯普林格山，这一步行小道为徒步旅行者提供了观赏阿巴拉契亚山脉各个山岭的大看台。沿途宿营地点星罗棋布。蓝岭公路从维吉尼亚北部的谢南多厄国家公园一直伸入大烟山脉国家公园，成为美国最受欢迎的旅游地区之一。

▼ 阿巴拉契亚山脉的最高峰——米切尔山

在阿巴拉契亚山，花朵艳丽的野生映山红、杜鹃花和月桂四月由南向北盛开，成为这里一个重要的旅游胜景。而到了秋天，树叶呈现鲜艳色彩自北向南推移。汽车旅行、徒步旅行、野营、钓鱼、滑雪、乘皮筏过急流险滩运动和洞穴探胜，以及参观为数众多的手工艺中心和历史遗址等都是具吸引力的活动，遍布阿巴拉契亚山脉全境。

阿巴拉契亚小道最初是由一些徒步旅游爱好者在 20 世纪的 20 至 30 年代修

建起来的步行山路。这条小道全长 3400 千米，纵贯阿巴拉契亚山脉，从北端缅因州的卡塔丁山一直蜿蜒至佐治亚州的斯普林吉山。途经 14 个州、8 个国家森林和 2 个国家公园、数十个野生动物保护区。小道的最高点是克灵曼斯峰，海拔 2024 米。既有趣又体现人性化的是，阿巴拉契亚小道共有五百多个出入口，供游人从不同地点进出。每隔约 10 ~ 20 千米，小道上会设有一处休息点，建有小木屋或棚子。

　　阿巴拉契亚小道是世界上最长的山间小路，它吸引很多旅游者前往。据说平均每年春天都会有一千多人来到这里试图走完全程，但只有不到 200 人能坚持到终点。一般旅游者多选择其中的某一小段走一走，因为这种长途山间步行不仅非常艰苦，而且极具危险性，没有强壮的身体、坚强的毅力和野外生存技巧是难以完成的。

　　除了令人向往的旅游胜地，煤炭工业的复苏为阿巴拉契亚山麓地带带来了相当的经济效益。煤矿开采曾经是阿巴拉契亚山麓地带的主要产业。在上个世纪 80 年代，需求的下降使许多煤矿被关闭。而近年来，随着油价上

阿巴拉契亚山脉黄昏时的美景

涨和新的控制污染技术的推广，阿巴拉契亚山麓地带的煤炭又迎来了春天。随着阿巴拉契亚山煤炭工业的不断壮大，不少环保人士表达出他们对这里自然环境的担心：河流被污染，山体裸露，土地受到破坏，这个地区已经有越来越多采矿造成的创伤。

安第斯山脉

No.014 >>> Andisishanmai

　　雄伟壮观的安第斯山脉是南美洲开发最早的地区，中段山区保留着古代印加帝国的许多文化遗迹。属于科迪勒拉山系，是世界上最长的山脉，纵贯南美大陆西部，素有"南美洲脊梁"之称。山顶终年积雪，且该地区矿产资源丰富，是世界上最重要的矿区之一。

▲ 卫星拍摄的安第斯山脉全貌

　　雄踞南美的安第斯山脉全长约 9000 千米，几乎是喜马拉雅山脉的三倍还要多。南美洲西部山脉大多相互平行，和海岸线的走向大致是一样的，纵贯南美大陆西部，大体上与太平洋沿岸平行。北沿加勒比海岸伸入特立尼达岛，南伸火地岛。跨越委内瑞拉、哥伦比亚、厄瓜多尔、秘鲁、玻利维亚、智利、阿根廷等国。这里山势雄伟，绚丽多姿，是世界上最壮观的自然景观之一。安第斯山脉属于科迪勒拉山系，这个山系从北美一直延伸到南美，全长 18000 千米，是世界最长的山系。安第斯山脉有许多海拔 6000 米以上，山顶终年积雪的高峰。其中，以山脉中段最为高峻，夹有宽广的山间高原和深谷，是印加人文化的发祥地。

　　纵贯南美大陆西部的这座雄伟山系，由一系列四周有高耸的山峰环绕的高原组成。从南美洲的南端到最北面的加勒比海岸绵亘约 8900 千米，形成一道连续不断的屏障。安第斯山脉将狭窄的西海岸地区同大陆的其余部分分开，是地球最重要的地形特征之一，它对山脉本身及其周围地区的生存条件产生深刻的影响。

　　安第斯山脉是基于早期地址活动的新生代（最后的6640 万年）期间地球板块运动的结果。而形成安第斯山脉的地壳运动迄今尚未结束，所以，山脉现在仍处在火山活动期，容易发生破坏性的地震。同时，安第斯山脉的土壤还很年轻，由于山势徒峭而易受风雨的严重侵蚀。

在安第斯山脉南部，有一座名为阿空加瓜山的高峰，是安第斯山脉的最高峰，海拔6959米，它也是世界上最高的死火山。尤耶亚科火山海拔6723米，是世界上最高的活火山。

▲ 安第斯山脉的最高峰——阿空加瓜山

安第斯山脉的土壤很年轻，就像正在成长中的孩子一样，需要更多的保护。所以，扎根于山势陡峭中的那些土壤，容易受到风雨的严重侵蚀和摧残。在火地岛和巴塔哥尼亚的安第斯南部难以形成土壤，冰河和强风作用使许多地方只剩下几乎裸露的岩石，在湖泊地区有火山土壤，富于有机物，便于排水。那些海拔较高的地区，土壤直接由岩石风化而成，较低的地区土壤呈棕红色，并掺有砾石和石英，可见已经被侵蚀得比较严重了。

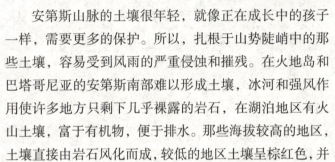

▼ 从高空俯瞰阿根廷及智利间的安第斯山脉

在这里，植物群落的生存由气候、湿润的程度和土壤等条件决定，而动物则赖有丰足的食物来源才能生存。永久雪线是动植物生存的上限。有些植物和动物可以在任何海拔高度上生存，其他的则只能生活在某一高度。猫类很少生活在4000米以上，白尾小鼠通常不低于4000米，最高可达5600米。无峰驼主要为高原动物，生活在3700～4200米之间，但也可在海拔较低的地方生活得很好。高海拔处的低气压或许对植物不那么重要，但海拔高度却造成了一

▲ 安第斯山脉的山峰是秘鲁很多河流的源头

些气候变化，如气温、风、辐射和干旱，这些决定了安第斯山脉不同地区的植物生长。一般说来，安第斯山脉的盆地地区则反映了东、西科迪勒拉山脉内、外侧山坡间的差异。

安第斯山脉是世界上最重要的矿区之一，南部矿区的范围特别辽阔。主要矿物有：智利和秘鲁的铜，玻利维亚的锡，玻利维亚和秘鲁的银、铅和锌，秘鲁、厄瓜多尔和哥伦比亚的金，哥伦比亚的铂和祖母绿，玻利维亚的铋，秘鲁的钒以及智利、秘鲁和哥伦比亚的煤和铁。广阔的石油矿床分布在整个安第斯山脉的东侧。安第斯山脉孕育了无比巨大的铜矿，这里有世界最大的地下铜矿，深入地表以下1200米，庞大的地下坑道总长超过两千多千米，采矿的自动化程度极高，地下生活设施很完善。

安第斯山脉是一道不可逾越的障碍，严重地影响该地区的经济和文化的发展。生产中心一般远离海港，多山的地形使修筑和维护铁路和公路困难重重，而且费用庞大。遍布各地的驮运小路网仍在小乡镇之间，以及农村与市镇之间继续发挥作用，哥伦比亚的牛、秘鲁和玻利维亚的美

▼ 安第斯山脉中的图蓬加托火山是世界上最高的活火山

洲驼也被用来运输物资。

　　壮观的安第斯山脉是南美洲开发最早的地区，中段山区保留着古代印加帝国的许多文化遗迹。这里生活着印欧混血的人们，还有不少印第安人克丘亚族和艾马拉族。关于安第斯山脉还有一个神奇的传说：这里曾有过一个神秘的"小人国"。这个国家的人们虽然身材矮小，却健壮彪悍，凶猛好斗。他们有一些非凡的本领，比如在悬岩峭壁上攀缘树木，在崎岖山道上快步奔跑。他们的主要武器是木棍、石块、长矛和弓箭。小人国与邻近的阿拉巴霍族人长期浴血奋战，他们越战越猛，伤亡很少。而阿拉巴霍族人却被他们打得落花流水，可是，在他们居住区域突然发生的一次火山爆发，彻底摧毁了整个小人国，小人国在地球上消失了。至今，在秘鲁国里人类学和考古学博物馆里，还保存着小人国的各种遗迹。

　　除了带给小人国"灭顶之灾"的火山，还有一份令科学家震惊的报告——这份报告指出，安第斯山脉的查卡塔亚冰山是玻利维亚等数座城市的主要水源，但不幸的是，它将在15年后彻底融化。面对这份令人沮丧的报告，秘鲁水资源管理机构主席卡尔门·菲利普说，安第斯山脉冰雪的这种融化速度意味着灾难的来临。从短期看，我们在不久的将来会遭遇严重的洪灾和泥石流，而从长远看，我们将失去赖以生存的水资源。

　　好在科学家们也在积极地想方设法补救，比如，建议拉丁美洲各国政府不要轻易在本国修建大坝，也不要过度开采煤炭与石油，因为这些行为都有可能导致气候变化、冰川溶解。

被称为"空中城市"的马丘比丘位于秘鲁南部安第斯山脉的尾部，是南美最大的印加帝国遗址。

大分水岭

No.015 >>> **Dafenshuiling**

　　大分水岭是澳大利亚东部新南威尔士州以北山脉和高原的总称。以西发源的河流注入卡奔塔利亚湾和印度洋，以东发源的河流注入太平洋的珊瑚海和塔斯曼海。主峰科休斯科峰又称大雪山，这一带蕴藏着丰富的水力资源，开创了人类变荒漠为绿洲的奇迹。

卫星拍摄的大分水岭全貌

大分水岭的最高峰——科西阿斯科山

　　大分水岭位于新南威尔士州以北，与海岸线大致平行，北起约克角半岛，南至维多利亚州，长 3200 千米，东西宽约 160 ～ 320 千米，海拔一般约800 ～ 1000 米。最高峰科西阿斯科山为澳大利亚最高点，海拔 2228 米，山地东坡较陡，西部缓斜。大分水岭可不是一个单一的山脉，而是一个由山脉、高原、丘陵共同组成的古老而复杂的地貌总称。这一地理形态实质上是印度洋和太平洋水系的分水岭，大分水岭就因此而得名。

　　这绵长的大山系像一座天然屏障，挡住了太平洋吹来的暖湿空气，使山地东西两坡的降水量差别很大，生长的植物也迥然不同。东坡地势较陡，沿海有狭长平原，降水充分，生长着各种类型的森林。西坡地势缓斜，向西逐渐展开为中部平原，这里降水较少，长年干旱，呈现一片草原与矮小灌丛的景象。

　　大分水岭南段悉尼西郊的蓝山是一处著名的观光胜地。大分水岭的主峰科西阿斯科山又

称大雪山，这里有一处巨大的水利工程，被称为世界奇迹之一。大雪山水利工程就是建筑大小水坝，控制融化的雪水。在大雪山水利工程的施工范围内共建造了16座大小水坝，7所水利发电厂，为人类开创了变荒漠为绿洲的奇迹。

由于山脉高峻能阻隔季风，便形成雨影效应——这也是大分水岭特有的现象。在迎风坡一面降水增多，背风坡降水较少。雨影效应的典型代表就是澳大利亚的大分水岭的东西两侧不同的降水量。大分水岭的东面是悉尼和墨尔本，这里气候湿润宜人，降水量很大。而西面就是澳大利亚的沙漠了，这里的降水量就不大了。当然这也有洋流的影响。

在澳大利亚东部有自北向南纵贯的大分水岭，墨累—达令盆地处于大分水岭的西部。从东部海洋吹来的湿润气流在大分水岭的东侧降下丰富的地形雨。在大分水岭的西侧，气流下沉，降雨稀少。而墨累—达令盆地正处于大分水岭的背风坡，比较干旱。为此，澳大利亚政府不遗余力地修建水利工程，在雪河上修建水库，这就是澳大利亚著名的雪河调水。

墨尔本是大分水岭临近的一个城市，也是维多利亚州的首府和最大的城市。墨尔本曾连续被联合国评选为最适合人类居住的十大城市之一，在2005年更是被评选为全世界最佳居住城市首位。这座城市的座右铭是"随行聚力"。

▼ 大分水岭南段的蓝山是一处著名的观光胜地

二、山崖寻踪

　　除了《西游记》中的火焰山，你还能想到哪座火山？火山，这个有些神秘的家伙，是炽热地心的窗口，是地球上最具爆发性的力量。我们给你带来了26座形态不一的山崖，它们有的是沉睡多年的死火山，有的是精力依然旺盛的活火山，还有的是半梦半醒的休眠火山。快去看看吧！那些深不可测的家伙都有哪些巨大的能量。

乔戈里峰

No. 016 >>> **Qiaogelifeng**

乔戈里峰，有人说是"高大雄伟"之意，也有人说是"白色女神"的意思。它坐落在新疆维吾尔自治区西南边境、中国同巴基斯坦实际控制区之间的边界上。1954年7月31日，意大利探险家里诺·雷斯德里和阿奇里·科帕哥诺尼首先登顶。

乔戈里峰，又被称为 K2，"K"指喀喇昆仑山，"2"是当时它是第二座喀喇昆仑山脉被考察的山峰。它海拔 8611 米，是世界第二高峰，位于中国和巴基斯坦边界。世界上 14 座 8000 米以上的高峰，在这里就占了近三分之一。因此，乔戈里峰就成了世界登山家们瞩目的第二个登山中心。

▼ 乔戈里峰是国际登山界公认的攀登难度较大的山峰之一。

乔戈里峰在陡峭的坡壁上布满了雪崩的痕迹，山峰顶部是一个由北向南微微升起的大片冰坡。北侧如同刀削斧劈，从北侧大本营到顶峰，垂直高差竟达近 5000 米，是世界上 8000 米以上高峰垂直高差最大的山峰。北侧的冰川叫乔戈里冰川，地形复杂多变。冰川表面破碎，明暗冰裂缝纵横交错。冰川西侧山谷为陡峭岩壁，滚石、冰崩、雪崩频繁。在它的两侧，是长达44千米的音苏盖堤冰川。

山区不仅地形险恶，气候也十分恶劣。每年九月到来年的四月是最严酷的寒冬，峰顶的最低气温可达零下50℃。如果想要登山，最佳时机在五月或者六月，因为那时候山洪很少，峰顶温度适宜。

乔戈里峰进山路线是我国目前开放山峰中最长的路线。从南疆重镇叶城乘汽车沿新疆—西藏公路到麻扎，再沿简易公路到达麻扎达拉。从这里开始步行6天，行程90千米才能到达乔戈里峰登山大本营——海拔3924米的音红滩。这段路要翻过海拔约4800米的阿格勒达板进入克勒青河谷。一定要记住，挑战乔戈里峰一定要避开七八月，因为那时克勒青河河水暴涨，根本无法通过。

世界著名无氧登山家美籍印度人蒙克夫·基德，只身多次跨过6500米的登山死亡线——没有携带氧气瓶，并最终登上了乔戈里峰。这一壮举在1993年被载入吉尼斯纪录。从此，不带氧气瓶登上乔戈里峰成为许多欧美登山家的愿望，然而自1881年有人携带氧气袋登上这座山峰以来，一百多年过去了，还没有一个人扔掉过它。因为一旦超过6500米，空气就稀薄到正常人无法生存的程度，攀登者在这个高度每前进一步都必须停下来大口大口地喘上十几分钟才行。

有登山队员曾说过，"在山顶，任何一个小杂念都会使你感觉到需要更多的氧。所以，作为无氧登山运动员，要想登上峰顶，就必须学会清除杂念。因为脑子里杂念愈多，你的需氧量就愈大。在空气极度稀薄的情况下，为了登上峰巅，为了使四肢获得更多的氧，必须学会排除一切欲望和杂念。"

文话天下

在2005年10月23日由《中国国家地理》主办的中国最美的地方排行榜活动中，乔戈里峰被评为中国最美十大名山之一。此次活动历时8个月，从山、湖泊、森林、草原、沙漠等15个类型的地貌中，评选出各类型首届一指的"中国最美的地方"。

乔戈里峰峰顶的最低气温可达零下50℃，最大风速可达到5米/秒以上，是登山的禁区。

富士山

No.017 >>> **Fushishan**

　　象征着日本自然、历史、现代的三大景点（富士山、京都、银座）之一的富士山是日本第一高峰，是横跨静冈县和山梨县的休眠火山。是日本国内的最高峰，也是世界上最大的活火山之一。尽管它目前处于休眠状态，但地质学家把它列入活火山之列。

↑ 从高空俯瞰富士山

　　富士山的名字原发音来自日本少数民族阿伊努族的语言，意思是"火之山"或"火神"。山体呈优美的圆锥形，作为日本的神圣象征，在全球享有盛誉。它也经常被称作"芙蓉峰"或"富岳"、"不二的高岭"。自古以来，这座山的名字就经常在日本的传统诗歌《和歌》中出现。现在，富士山被日本人民誉为"圣山"，是日本民族引以为傲的象征。富士山山体高耸入云，山巅白雪皑皑，放眼望去，好似一把悬空倒挂的扇子，因此也有"玉扇"之称。

　　作为日本自然美景的最重要象征，富士山是典型的成层火山，从形状上来说，属于标准的锥状火山，具有独特的优美轮廓。迄今为止，富士山在山体形成过程中，大致可以分为四个阶段：先小御岳，小御岳，古富士，新富士。目前虽然处于休眠状态，但仍有喷气现象。

　　由于火山口的喷发，富士山在山麓处形成了无数山洞，有的山洞至今仍有喷气现象。最美的富岳风穴内的洞壁上结满钟乳石似的冰柱，终年不化，被视为罕见的奇观。山顶上有大小两个火山口，大火山口直径约 800 米、深

200 米。天气晴朗时，在山顶看日出、观云海是世界各国游客来日本必不可少的游览项目。

富士山的北麓有富士五湖。从东向西分别为山中湖、河口湖、西湖、精进湖和本栖湖。

山中湖最大。湖畔有许多运动设施，可以打网球、滑水、垂钓、露营和划船等，是人们休闲娱乐的好去处。

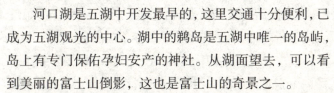
卫星拍摄的富士五湖全貌。

河口湖是五湖中开发最早的，这里交通十分便利，已成为五湖观光的中心。湖中的鹈岛是五湖中唯一的岛屿，岛上有专门保佑孕妇安产的神社。从湖面望去，可以看到美丽的富士山倒影，这也是富士山的奇景之一。

西湖是五湖中环境最安静的一个湖。据传，西湖与精进湖原本是相连的，后因富士山喷发而分成两个湖，但这两个湖底至今仍是相通的。岸边有红叶台、青木原树海、鸣泽冰穴、足和田山等风景区。

精进湖是富士五湖中最小的一个湖，但其风格却最为独特，湖岸有许多高耸的悬崖，地势复杂。本栖湖水最深，最深处达 126 米。湖面终年不结冰，呈深蓝色，透着深不可测的神秘色彩。

富士山是日本自然美景的最重要象征

富士山的南麓是一片辽阔的高原地带，绿草如茵，为牛羊成群的观光牧场。山的西南麓有著名的白系瀑布和音止瀑布，从岩壁上分成十来条细流，像无数白色的飘带自空而降，形成一个大的雨帘，颇为壮观。音止瀑布则似一根巨柱从高处冲击而下，声如雷鸣，震天动地。

富士山也称得上是一座天然植物园，山上的各种植物多达两千余种。在静冈县裾野市的富士山麓，还辟有富士游猎公园，养着大约四十种野生动物，共计一千多头，仅狮子就达三十多头。游人可驾驶汽车，在公园内观赏放养的各种动物。山区还设有幻想旅行馆、昆虫博物馆、自然科学厅等各种供游客观赏和娱乐的场馆。

富士山顶设有富士山本宫浅间大社，用于祭祀富士山的神灵。据说，天神拜访富士山神的住处，请求留宿，但是被主人以正在斋戒为由拒之门外。后来天神拜访筑波山神，也请求留宿，结果受到了欢迎。因此，此后筑波山上人流不断，而富士山却遭到了终年积雪的惩罚。

江户时代，攀登富士山也在平民百姓中流行起来。平民们由于对富士山强烈的信仰，特地在江户各地堆起了许多富士冢。所谓富士冢，就是在能够眺望到富士山的地方用土堆起的人工小山丘，在山丘顶部也建有浅间神社供人参拜。因此，不能去富士山的人也能够在当地体验一下攀登富士山的感觉。这样的富士冢很多被命名为"浅间山"或者"朝熊山"。另外从港湾眺望到富士山的地方，也有建立浅间神社的石碑的风俗。

▽ 每年的七八月份是攀登富士山的最佳季节

富士山每年九月中旬到十月中旬开始冠雪，山顶的积雪一直要到第二年六月融化，有时候七月中旬仍旧会有残雪。因此每年的七八月份是攀登富士山的最佳季节，其他季节封山。而八月份台风数量增多，故推荐七月中旬登山最为适宜。虽然富士山高达3776米，但是各登山口基本都在2000米以上作为起点，所以难度不算很大，普通人不加以训练也能攀登，每年都有数万人攀登富士山，约有一半人能够登顶成功。上山从五合目到山顶正常人约花费 7 ~ 10 个小时，下山约花费 3 ~ 5 个小时。

　　可惜的是，如果远远地仰视富士山，会感受到这座山的优美；但是如果近距离看看富士山的森林内部，你一定会觉得大煞风景，因为让日本人引以为豪的富士山，似乎已经成了可悲的垃圾倾倒场。在森林里，丢弃着各式各样的垃圾，包括建筑残片、被损坏的办公家具、废弃的家用电器。一名定期对富士山进行清扫的工作人员说："我们找到了各种家庭垃圾，从破损的电视机到其他家用电器。有时候，我们还会发现一些有毒物品，例如，已经泄漏的废旧汽车电池。"

　　为了保护富士山的环境，减少垃圾造成的负面影响，日本人于 1998 年成立了"富士山俱乐部"，定期对这里的垃圾进行清除。如今，这个俱乐部已经发展到 1100 名会员。尽管如此，富士山的垃圾问题还是很严重，垃圾倾倒问题也很难完全禁止。虽然有垃圾问题的困扰，但日本还在继续为富士山申请进入世界遗产名录而努力。

文话天下

　　2007 年 11 月 12 日，绵亘于我国山东省中部的泰山与位于日本的富士山结为了"友好山"。中日两国希望以泰山和富士山结为"友好山"为契机，进一步增进泰安市与日本山梨、静冈两县之间的交流，为中日世代友好作出贡献。

　　富士山是孤立山峰，所以受季风和台风的影响很大，越往高处攀登，风力就越猛烈，山顶气温和山脚相差大约 20 度。

阿苏山

No.018 >>> Asushan

阿苏山是日本著名活火山,以具有大型破火山口的复式火山闻名于世。在距今3.3万年前形成了世界上最大的破火山口,是温泉胜地。

文话天下

　　草千里是阿苏山的五岳之一。原来也是火口,却披覆着大片绿草。冬天,池水结冰,又成为天然溜冰场。与这里略带枯黄的草地相比,反而是下山路上见到的、海拔要低的那些草原显得很生机勃勃、青翠欲滴。

　　坐落于日本九州熊本县东北部的阿苏山为世界上少有的活火山,也是熊本"火之国"美称的由来。

　　阿苏山是世界上具有最大破火山口的活火山,海拔1592米。5万年前阿苏火山群结束猛烈喷发后,火山熔岩覆盖整个区域,经过多年侵蚀冲刷而形成全世界最大的火山洼地地形。在日本第一次有文字记载的火山爆发是在中岳,爆发时间为553年。从那以后,滚烫的溶岩温度高达1000℃,相当炎热,火山口周围是寸草不生,与周边高原一片葱绿形成强烈对比。

　　火山口外的外轮山,海拔1000米,内侧多悬崖峭壁,熔岩裸露;外侧地势较缓。登上外轮山北侧的大观峰可眺望阿苏山全景。大火山口内有许多温泉和瀑布,风光绮丽,旁边就是一座阿苏国立公园。其破山口为一巨碗形火山凹地,标志着原火山口的所在,内有活火山中岳和许多温泉。

　　火口原与外轮山之间以中央火口丘群为界分为南北两部分,北名阿苏谷,南名南乡谷,有黑河和白河分别流经阿苏谷和南乡谷。两河合流前,白河有

鲇返瀑布垂悬谷壁，飞流直下，景色壮丽。在立野附近两河汇合后切穿外轮山奔腾西下，注入熊本平原。

阿苏山交通便利，有铁路干线和支线高森线通过，并有公共汽车和空中索车从阿苏车站和宫地车站直达阿苏山的大火山口。山上水利条件好，外轮山麓牧草丰茂，位于火口原上的宫地、内牧、高森3镇及其周围的11个村，约有8万居民，农耕、养蚕和畜牧业都很兴盛。在阿苏火山博物馆可以通过遥控设置在中岳火口的两台摄像机来观察火山里面的状况。乌帽子岳北坡山腰处有一被火山灰覆盖的草原，春秋季可放牛马，冬季则可作滑雪、溜冰场等。

阿苏山缆车是活火山缆车，1958年完成。由登山游缆车终点到火山口，高低差108米，要4分钟，是可乘坐91个人的大型缆车。在上山的路上，可以看到一些老的火山口，特别是有一个非常完美的袖珍火山，因为停止活动的年代已经久远，整个火山都长满植物，像一个绿油油的馒头，非常可爱。

阿苏国立公园的山腰有一座阿苏农场，以本地的自然、文化、健康、食品为主题，展示各式各样的阿苏名产及熊本县特产，游客可自费参观各样展示馆，还可以买到优质的乳制品及点心之类的东西，在干酪店里有许多家庭制造及正宗欧洲进口等两百多种品种。到色香味浓的点心店里都可以先尝后买，让人满意而归。建设者将农场与自然糅为一体，循地势错落山谷之中，一幢幢造型独特的圆拱状农庄是旅人的大地居所。

阿苏中岳火山口是世界上唯一一座游客可以看到火山口的火山。至今仍然冒着白烟，持续喷发的火山口周围，遍布着熔岩，向人们展示了一个没有绿色的别样世界。

每年来阿苏山观光的人络绎不绝

堪察加火山群

No.019 >>> **Kanchajiahuoshanqun**

　　堪察加火山群是世界上最著名的火山区之一,它拥有高密度的活火山,而且类型和特征各不相同。五座具有不同特征的火山构成了堪察加半岛的奇异景观。除了它的地质特征外,堪察加火山群还以它的优美景观和众多的野生动物著称于世。

　　堪察加火山群火山密度高,喷发形式多样,而且这里的地貌十分复杂,有曲折的洞穴、重叠的地层和间歇泉、温泉、喷泉等。奇特的火山地貌和多式多样的泉都是这里的著名景点。克罗诺基活火山附近的间歇泉峡谷共有 25 个间歇泉,泉水所含的矿物质把周围的岩石染成了红、粉红、蓝紫和棕褐。最大的间歇泉名叫韦孔,喷出的沸水与蒸汽柱高达 49 米,每隔三小时约喷射四分钟。

　　间歇泉峡谷则位于风景秀丽的克罗诺基国家自然保护区内,面积约 1.03 万平方千米。克罗诺基湖是堪察加半岛最大的湖泊,位于克罗诺基火山西麓之下。堪察加火

▼ 堪察加火山喷发后的火山灰

山群的气候和土壤适宜植物生长。虽然这里的火山活动频繁，但这里还是生长着大约八百多种植物。

克柳切夫火山是亚洲大陆中较活跃和最高的活火山。克罗诺基国家自然保护区的活火山异常活跃，经常喷发。克罗诺基国家自然保护区拥有海拔 3528 米的圆锥状的克罗诺基火山和海拔 2741 米的阿瓦恰火山，以及海拔 3456 米的科里亚克火山。为"世界上美丽的火山"之集中地。火山学家称克罗诺基火山为"世界上最美丽的火山"。

堪察加河由于有温泉注入，有好多段常年不结冰。堪察加半岛将鄂霍次克海与太平洋隔离开来。该保护区由 5 个独立的保护区共同组成，它们都是堪察加州的一部分。由于堪察加半岛几乎四面环海，气候潮湿而凉爽，所以植被繁茂。所幸的是，人类还没有对这里过度开发，这使得自然环境基本上保留了原貌。

堪察加半岛上的奇观非常之多，除了众所周知的火山外，还有喷泉和死亡谷。喷泉、间歇泉中以"巨人泉"最为壮观。此泉喷发时间虽不长，但很强烈，巨大的水柱突然腾空而起，整个河谷便笼罩在云雾之中，令人惊心动魄。

死亡谷坐落在基赫皮内奇火山山麓、热喷泉河上游，海拔一千多米，有山涧穿谷而过，流水清澈见底。山谷四周峭壁峥嵘，峰顶白雪皑皑。这里的西山坡上草木茸茸，东边却是光秃秃的一片。峡谷里经常弥漫着轻纱般的薄雾。在这里，不管是粗壮的黑熊，还是机灵的田鼠，有时会很快暴亡，难逃厄运，故人称之为"死亡谷"。

为了加强对候鸟等动物的保护，俄罗斯与日本于 1973 年签订协议建立联合自然保护区，南堪察加湖国家自然保护区便应运而生。1996 年，堪察加火山群被列入《世界遗产名录》。

文话天下

堪察加的土著人种是科里亚克人和楚克奇人，十八世纪时，他们几乎都被沙皇的哥萨克兵消灭殆尽。今天，土著人残存的一些后代仍然在半岛上繁衍生息。堪察加人主要靠皮毛和鱼类为生。目前，彼得罗巴甫洛夫斯克约有 24 万居民，主要靠渔业为生。

▼ 堪察加火山的火山活动频繁，但这里却生长着颇为丰富的生物物种。

阿贡火山

No.020 >>> **Agonghuoshan**

MEI LI SHI JIE XING

阿贡火山,有"世界的肚脐"之称。据传,诸神见巴厘岛摇动不稳,便将印度教的神山马哈默鲁镇压在巴厘岛上使之稳定,后来,这座神山更名为阿贡火山。巴厘人认为这座山是"世界的中心",巴厘岛上每座神庙中都有一座神龛祭祀这座山的山神。

阿贡火山是位于印度尼西亚巴厘岛的活火山,又称巴厘峰。海拔 3140 米,为岛的最高峰,当地人奉为圣山。1963 年 3 月 18 日大喷发,热浪高达 1 万米,火山灰在 4000 米高空弥漫全岛,熔岩摧毁了山麓森林和村庄,火山灰扬撒全岛,破坏了 15 座桥梁,6 万公顷农田,致使 1600 余人丧生,8.6 万人失去家园。

作为巴厘岛最高,也是最受崇敬的山,阿贡火山那高耸的山峰从南部和东部巴厘岛都看得到,不过它经常被云雾遮蔽。

火山有着极其暴躁和难以预测的脾气。烈焰熊熊、烟尘滚滚的火山爆发，吞噬了大片土地森林，毁坏村庄城镇，给人类带来过巨大的灾难。但这些令人敬畏的火焰巨人在行凶作恶后，也给人类留下了不可思议的诱人风光。日本的富士山、美国的黄石公园都以其火山景观名噪于世。其实，度假胜地印尼巴厘岛阿贡火山，也是这样一座活火山。

对于很多人来说，巴厘岛是踏上印度尼西亚之旅的起点。巴厘岛人真正的骄傲不仅来自阳光和海滩，还有火山。除了在绝美的海滩休闲发呆之外，一定要来趟登顶火山的苦旅。浅尝辄止地欣赏自然景观，这只是眼睛的旅游；对于火山，只有背上装备齐全的行囊，带上一颗对大自然无限敬畏的心，走近它去仔细感受一番，这才是真正的心灵旅游。

目前，前往巴杜尔火山的徒步行程已经非常成熟，因而不少人转向攀登难度更大的阿贡火山。这座火山从飞机上就看得很清晰了，它高耸入云，像漂在云上一样。跟其他地方的山很不同，因为阿贡火山四周都是海，海拔低，对比很大，看上去非常高。

登顶来到火山口，可以清晰地体会到大自然给人的震撼和威力。在火山口上向下望，可以清晰看到熔岩留下的一条条路线，还能看到大量被熔岩破坏的痕迹。这个火山口不像长白山，它是很细小，很不平整的火山口。

最困难的是日出前的那短暂的时刻，那里风很大，非常冷，日出后气温变化很快，大概30分钟就变暖了。之后是因为高空缺水，紫外线特别强烈，大家必须马上下山。下山其中一个很大的危险是，地上的一层层滑石，每一步踩上去都不踏实。而且印度尼西亚的火山经常喷发，山体极不稳定，也让人心里有着莫名的恐惧感。登山绝不仅仅是登顶之后的喜悦，在征服感得到满足之余，还能让人心生对大自然的敬畏。

▼ 巴厘岛的火山

奥林匹斯山

No. 021 >>> **Aolinpisishan**

奥林匹斯山又称"奥林波斯",希腊语意为"发光"。它由非洲大陆与欧亚大陆挤压而成,是塞萨利区与马其顿区间的分水岭,是奥运圣火精神源头,也是古希腊成为欧洲文化发源地不可缺少的元素,可谓西方文明起源之地,是希腊神话开创之源。

文话天下

古希腊神话中普罗米修斯看到人间没有火,就背着众神之王宙斯悄悄将火种带到人间,后来他因此受到了惩罚。为了纪念普罗米修斯的伟大之举,每届奥林匹克运动会人们都要到奥林匹亚去取圣火,以此表达奥运精神薪火相传。

▼ 古希腊人尊奉奥林匹斯山为"神山",他们认为奥林匹斯山位于希腊中心,而希腊又居地球的中心,于是奥林匹斯山也就是地球的中心。

奥林匹斯山坐落在希腊北部,东北与希腊北部名城塞萨洛尼基遥对,海拔约2917米。属爱琴海塞尔迈湾附近的奥林匹斯山脉,横跨马其顿和色萨利边界。山顶终年积雪,云雾笼罩。长久以来被认为是众神的居留地。希腊和小亚细亚亦有其他称为"奥林匹斯"的山丘、村庄和神话人物。

奥林匹斯山是一座神圣的峻峭的山,雄伟壮丽,巍然耸立在希腊的群山之中。冬天,山峰白雪皑皑;夏天,谷地绿树成荫。当太阳从东方升起时,曙光首先照射到这座圣山的顶峰;当太阳下山、月亮从东方升起时,辉煌的奥林匹斯山顶峰又洒满了夕阳。有时,大块大块的乌云也会从四面八方朝这座山的山坡飘来,于是,山谷一片昏暗,狂风大作,大雨倾盆。然而,大神们就选择了这块地方来

建造他们的宫殿并在那里治理世界。

在云海之上，是一条条柱廊，柱廊前面是长着奇花异草的花园。奇妙的是强风从来不会刮到这个乐园，这些坚如磐石的宫殿，上空也从未出现过暴风骤雨。山顶上总是风和日丽，阳光明媚，花香扑鼻。

第一届奥运会就在奥林匹亚小镇的山脚下举行，现在这里是一片黄土场，看上去如同一条干涸的河道，被绿草缓坡包围着，已完全看不出有任何跑道的痕迹。如果你细心寻找，会发现一条门槛般的石线，那就是两千七百多年前的起跑线。

↑ 奥林匹斯山的最高峰——蒂卡斯峰

这里留存的主要古迹有：几十个神庙、祭坛和祠堂组成的神殿区、体育场、体育馆、摔跤学校、健身房、会议厅、雕刻作坊以及浴室、休息室等。宙斯庙是神殿区内最大的建筑，其已倾倒在地的大石柱直径都在 2 米以上。整个建筑高 20 米，呈长方形。纳姆菲翁神坛是奥运会期间点燃火炬的地方，历届现代奥运会火炬的火种都在此取得。体育场位于神殿区东面，四周是土坡修成的看台，可容纳 4.5 万名观众。

奥林匹斯山是古希腊成为欧洲文化发源地不可缺少的元素。古代希腊人在科学、哲学、文学、艺术上都创造了辉煌的成就，对欧洲文化的发展产生了深远的影响。希腊艺术的形成、发展与其社会历史、民族特点、自然条件有着密切的关系。

↓ 古希腊人认为那些统治世界、主宰人类的诸神都居住在雄伟的奥林匹斯山中，他们在这里饮宴狂欢、主宰地球。

除此之外，希腊的艺术、神话和奥运都与奥林匹斯山密不可分。他们相互关联而存在，这是世界上不可替代的一种存在形式。奥林匹斯山是希腊神话的载体，而希腊神话是希腊艺术的土壤，希腊神话包含着人们对自然奥秘的理性思索，它蕴育着历史和哲学观念的萌芽。

维苏威火山

No. 022 >>> **Weisuweihuoshan**

　　维苏威在公元79年的一次猛烈喷发，摧毁了当时拥有两万多人的庞贝城。直到18世纪中叶，考古学家才将庞贝古城从数米厚的火山灰中发掘出来，古老建筑和姿态各异的尸体都保存完好，这一史实已为世人熟知，庞贝古城也成为意大利著名旅游胜地。

文话天下

　　在维苏威火山的东南麓，有一座名叫"庞贝"的古城。公元79年8月，维苏威火山喷发的一瞬间被火山灰埋在了地下，却因此而保留了大量古罗马帝国的建筑遗迹和艺术文物，成为世界上最为著名的古城遗址。

▼　从庞贝古城废墟上方隐约可见的维苏威火山

　　维苏威火山是全世界最著名的火山之一。它位于意大利南部那波利市东南 10 千米处，海拔1281 米。地处欧亚板块、印度洋板块和非洲板块边缘的维苏威火山，在各板块的漂移和相互撞击挤压下，在 2.5万年前爆发形成。在古代传说中，维苏威火山是一座截顶的锥状火山。火山口内，周围是长满野生植物的陡壁悬崖，岩壁的一侧有缺口。火山口的底部不长草木，是较平的地方。火山锥的外缘山坡，覆盖着适合于耕作的肥沃土壤，其山脚下有兴盛的赫库兰尼姆和庞贝两座繁华的城市。

　　维苏威火山犹如一个巨大的屏障屹立在那波利湾海滨。这里风景美丽，土地肥沃，气候宜人，从上古时代起就有了人类居住。维苏威火山是有名的活火山，它有悠久的爆发史，火山爆发时的情景也十分壮观。在过去的若干个世纪里，它的活动似乎是按照一定的周期性规律进行的：火山爆发时，起初是一声猛烈的爆炸，紧接着随之而来的常常是铺天盖地的岩浆流。

　　维苏威火山在经历了"阿威利诺爆发"

之后进入了一段相当长的沉寂期，其沉寂之深致使早期一些知名的观测者误认为它的活动期已经结束。公元前1世纪的维苏威火山好似一座普通的山岳，优美而宁静，山坡上长满了野葡萄。当年，斯巴达克斯领导的奴隶起义的斗士们就是攀援着这些野葡萄藤登上维苏威山巅，构筑石阶小道绕过罗马军队的阵地，突破敌人的追捕的。

▲ 从高空俯视维苏威火山

今天，如果我们到维苏威山顶火山口的边沿去观察，很难想象到公元79年的那次巨大的灾难就是从这个火山口降临到周围地区的。从火山口里冒出来的几缕蒸汽只是极有限地向我们透露着一点火山仍然生存着的迹象。

从高空俯瞰维苏威火山的全貌，那是一个漂亮的近圆形的火山口，正是公元79年那次大喷发形成的。维苏威火山并不太高，走在火山渣上面脚底下还发出沙沙的声音。由于维苏威火山一直很活跃，因此后期形成的新火山上植被一直没有长出，看起来有点秃，而早期喷发形成的位于新火山外围的苏玛山上已有了稀疏的树木。

山麓遍布葡萄园和果园，这里盛产的葡萄酒叫"基督眼泪酒"——古代庞贝的酒坛上常常可以看到印有"维苏威"字样。山上高处遍布栎树和栗树杂木林，北坡树林沿索马山坡一直长到山顶，西侧长著栗树丛，遍布金雀花类植物的起伏不平的高原。再往高处，大火山锥的斜坡上及索马山的内侧山坡上几乎是不毛之地，在火山静止期长着一簇簇草地植物。

山麓土壤十分肥沃。1631年大爆发前火山活动不活跃的漫长期

▼ 气候的变暖，火山灰的肥沃，使得火山周边成为植被茂密的富庶之地。

艺术家笔下的维苏威火山爆发

公元 79 年 8 月的一天，维苏威火山突然爆发。瞬息之间，火山喷出的灼热的岩浆遮天蔽日，四处飞溅，浓浓的黑烟夹杂着滚烫的火山灰，铺天盖地降落到这座城市。城内尖叫声、哭喊声响成一片，人们纷纷逃离。

间，火山口内长着树林，还有三个湖泊，放牧的家畜在此饮水。喷发期时由于火山的气体，山坡上的植物纷纷枯死。1906 年喷发后在山坡上植树造林，以保护居住地区，使不受强烈火山喷发后常有的泥流的袭击。在肥沃的土壤上树木成长迅速。

位于火山附近的古色古香的维苏威火山观测站建于 1845 年。这是世界上最早建立的火山观测站，里面的设施非常现代化，一楼大厅里有展板介绍有关火山的知识，触摸式电脑可模拟显示火山的喷发过程。观测站的一楼和地下一层还建有火山博物馆，陈列着各种形状的火山弹、火山灰等火山喷发物。玻璃柜中还展示着从庞贝古城挖掘出来的"石化人"，尽管已看不清他们的面貌，但样子仍栩栩如生，都保持着死于当时火山喷发时的姿势。

火山口边缘有铁栏杆围着，可以防止游人发生意外。站在火山口边缘上可以看清整个火山口的情况。从熔岩和火山灰的堆积情况还可看出维苏威火山经历了多次喷发，熔岩和火山灰经常交替出现。尽管自 1944 年以来维苏威火山没再出现喷发活动，但平时维苏威火山仍不时地有喷气现象，说明火山并未"死去"，只是处于休眠状态。维苏威火山何时再张开它的"大口"呢？

近年来，这些城镇在高危区不断扩展，钢筋混凝土建筑向着看似平静的火山口靠近。建在火山熔岩上的漂亮别墅、公寓、旅馆等建筑物密密麻麻，高低错落，五颜六色。维苏威火山喷发物形成的土壤十分肥沃，遍布山麓的葡萄园、柑橘园让"红色区"生机盎然。

从表面上看，维苏威火山似乎在沉睡，但实际上，1964年5月一次小规模喷发表明，它再次从静止期进入了喷发期。因此，它一直处于研究人员的严密观测之中。在维苏威火山山顶可以看到大火山口，口内终日白雾蒸腾，犹如雄狮在喘息，令人生畏。

火山研究人员认为，火山喷发的危险虽尚未迫在眉睫，但一旦大规模喷发，"红色区"极可能被火山熔岩、火山灰、火山砾石埋没。一段时期以来，由于这一地区缺乏统一规划，滥建成风，使许多村镇缺少通往高速公路的紧急疏散路线，若想在短时间内紧急疏散60万居民谈何容易。而火山喷发预报不可能提前太长时间，否则，不准确的预报反而会造成人们思想上的麻痹。

近来，有关维苏威火山的话题在意大利越来越引起人们的关注。现在，政府职能部门已意识到应"居危思危"，及早采取对策，着手解决最严峻的问题——人口疏散。为此，坎帕尼亚大区政府已作出一系列决定，实施该地区人口外迁计划。斥资安排搬迁，如给每户家庭补贴3万欧元用于迁往火山危险区之外的费用。计划在未来10年内迁走10万居民，最终目标是，将该地区人口减少至15万。

但是今天，它只是一座暂停活动的休眠火山，至少目前是这样。游客们可在那波利海湾或更靠近火山口边缘的地方观赏这座活火山。

在维苏威火山爆发的一瞬间，很多人被埋在了火山灰底下。他们的肉体腐烂后，就在熔岩中留下了人体的空腔。考古学家把石膏液灌进空腔中，制成了遇难者的石膏像。这些石膏像和真人一样，生动地表现出了遇难者在临终前痛苦的形态和绝望的表情。

勃朗峰

No. 023 >>> **Bolangfeng**

　　勃朗峰，意为白色之山，是阿尔卑斯山脉的最高峰，它位于法国的上萨瓦省和意大利的瓦莱达奥斯塔的交界处，是西欧的最高峰。山峰雄伟，风光旖旎，勃朗峰也是阿尔卑斯山最大的旅游中心。山下筑有公路隧道，自从建成通车，巴黎到罗马的行程便缩短了约 220 千米。

　　勃朗峰位于法国和意大利边境，海拔约 4810 米。山体由结晶岩层组成，地势高耸，常年受西风影响，降水丰富。冬季积雪，夏不融化，白雪皑皑，冰川发育，大面积都被冰川覆盖，顺坡下滑，便能看到著名的梅德、米阿杰和布伦瓦等大冰川。

▼ 勃朗峰的峰顶永远覆盖着厚实的冰雪

　　霞慕尼小镇的前面是霞慕尼勃朗峰，是位于勃朗峰山谷狭长平原里的一个小镇。如果你要攀登勃朗峰，那么这个仅仅有万余人口的小镇便是最佳起点。

　　霞慕尼勃朗峰位于法国、意大利和瑞士的交会处。由于它特殊的地理位置，霞慕尼应该是在欧洲旅行期间的一个理想的逗留地。这里直接连接着欧洲的公路网，从霞慕尼前往瑞士或意大利仅需要 20 分钟的行程。

霞慕尼之旅是穿越时空的奇妙旅行,体验这片早期探险家开拓的荒野和今天世界上挑战人类科技,令人叹为观止的索道。冬季,这里的全景辽阔壮丽,不同水平的滑雪爱好者在坡度不同的雪道上滑雪,更有著名的荒野滑雪雪道。在霞慕尼,所有的滑雪爱好者都有无尽的选择。

夏季,这里是户外运动之都。霞慕尼能为您提供所有夏季的山上娱乐活动:在山腰的漫步让您领略引人入胜的山峰与冰川,牵引索道在整个夏天开放,还有其他各种活动满足所有人的需要。

霞慕尼拥有得天独厚的大自然绝景和全欧洲最高的缆车站。长久以来即是欧洲人最喜爱的度假胜地,也是欧洲人冬季滑雪及各项冬季运动的最佳选择。滑雪场位于法国东南部阿尔卑斯山区,它是登山运动的发源地,1924年第一届冬季奥运的举办地,世界性的滑雪教练训练中心就在这里落户。它不仅是登山家的极致挑战,更是滑雪客的最爱。

滑雪场附近的小镇有许多购物点,所以在这里便可以买到世界顶级的登山攀岩装备。小镇上的数百家商店营业时间普遍都很长,即使是淡季也照常营业。这对喜爱登山攀爬的全球旅人而言,无疑是他们的"世外桃源"。难怪英国著名诗人雪莱写下这段著名的诗句:"勃朗峰仍在高处闪烁时,阿尔卑斯山已经代表了欧洲的人间天堂,一个新的'世外桃源'"。

勃朗峰的登山活动、健行、滑雪和单板滑雪都相当盛行。

马特峰

No.024 >>> **Matefeng**

　　有时候，你不得不承认，这个世界上真的存在"完美"，在阿尔卑斯群山中，马特峰既不是最高的，也不是最险的，却凭着完美的山形，赢得了瑞士人、欧洲人，乃至全世界人的青睐。那四条颇具特色的山脊，不知道征服了多少往来的游客以及登山爱好者。

位于瑞士和意大利边境，在阿尔卑斯山脉主峰勃朗峰以东，海拔约 4478 米的马特峰是美国著名派拉蒙电影公司 LOGO 的原型。马特峰一柱擎天之姿，直指天际，其特殊的三角锥造型，更成为阿尔卑斯山的代表，每当朝晖夕映，长年积雪的山体折射出金属般的光芒，摄人心魄。对观光客而言，马特峰只是一个遥不可及的美景，然而对登山家而言，马特峰却是一处向自己极限挑战的登山处，由于地势极为陡峭险峻，许多登山家就视马特峰为高难度挑战。

　　彼林是一位意志最为坚强的向导，有一个绰号叫作"山中的狼"，他曾下决心说，在登上马特峰达 150 次之前决不退休。可是，在他

▼ 马特峰是阿尔卑斯山脉中最后一个被征服的主要山峰

已经完成了 144 次成功的攀登后，终于因体力不支而倒下，从此再没能起来。

马特峰在瑞士人的心目中有如国山般尊贵与崇高。它矗立在群山环绕之中，四面悬崖峭壁，如钢铁般的角峰直插云天，因形似金字塔而出名，是瑞士旅游的标志，名列世界十大滑雪区之一。每年都有世界各地的无数游客汇聚于此。孤峰独峙，巍然屹立，像一位傲视群峰的"山王"，因雄伟瑰丽而引人注目。

中国有句形容山景的诗："横看成岭侧成峰，远近高低各不同"，马特峰亦如此。欣赏马特峰有多条路线，有的路线峰下有湖，还能欣赏到马特峰壮丽金字塔的倒影和水下峰旁羽毛状的白云；如从意大利方向看，则马特峰又成了层叠山顶的一角了。由此可见，登上不同的地方，山与峰的形象会相异其趣，这也是不同游客描述同一山峰而内容相异的一个原因吧？

如果不走遍各条路线，恐怕不能全面领略诗中的境界了。登上观景台，四周雪域辽阔，到处是滑雪的索道。这里也有冰洞，规模比少女峰的小，但多了些天工之巧，少了些人工雕凿，属于另一种风格。

马特峰是阿尔卑斯山脉中最后一个被征服的主要山峰。原因不只在于攀登技术上的种种困难，也在于此峰陡峭的外形给予早年攀山者的心理恐惧。如今，登山者一年四季都可从马特峰的每个面或山脊登峰。但是，登上马特峰需要一定技术，但对老手来说不算困难，在部分路段更设有固定绳索辅助登山者。虽然如此，每年总有数人因为缺乏经验、落石或路线太拥挤等原因而意外身亡。

1865 年 7 月 14 日，由 7 人组成的登山队首次成功登上马特峰。

不幸的是，下山的时候有四人发生意外，坠进 1400 米以下的冰川里身亡。

圣米歇尔山

No.025 >>> **Shengmixieershan**

　　圣米歇尔山的历史可以追溯到公元 708 年。据说，当时一位红衣主教梦见大天使圣米歇尔示意他建造一座建筑物以显示其伟大，于是，他的一场梦让人整整忙活了 8 个世纪，直到 16 世纪才真正完工。

　　古时，圣米歇尔山是凯尔特人祭神的地方。公元 8 世纪，红衣主教奥贝在岛上最高处修建一座小教堂城堡，奉献给大天使圣米歇尔，成为朝圣中心，故称圣米歇尔山，是法国著名古迹和天主教圣地，位于芒什省一小岛上，距海岸两公里。小岛呈圆锥形，由耸立的花岗石构成。海拔 88 米，经常被大片沙岸包围，仅涨潮时才成为岛。古时这里是凯尔特人祭神的地方。

　　圣米歇尔山所处的圣马洛湾以涨潮迅猛闻名遐迩，最高潮与最低潮时海平面的落差高达 15 米。当地也有许多关于潮水的有趣的传说，比如，会追赶骑士的涨潮，在巨大的流沙中突然消失得无影无踪的满载货物的马车，陷入淤泥不能自拔而悲惨死去的旅人。海湾的退潮往往也开始得非常突然，也许几分钟前还是一望无际深不可测的大海，突然之间海水退向远处，满眼望去已是裸露的海滩和海滩上颜色很特别的流沙。

▼ 退潮时，圣米歇尔山被泥沙包围

车近圣米歇尔山，可以看见一片极为宽阔的草场，近处蓝天下成群的绵羊，远处与草场相衔接的，是一望无垠的流沙，一座锥形的小山从流沙中兀然拔地而起。最为壮观的是，山顶上锥形的圣米歇尔教堂建筑群足足比直径约 1 千米的小山高出近两倍！哥特式的尖顶高耸入云，顶上金色的圣米歇尔雕像手持利剑直指苍穹，恍若进入人间仙境一般。

几个世纪以来，圣米歇尔山傲然挺立，凭海临风，潮涨潮落，历尽沧桑。它所处的圣马洛湾以涨潮迅猛而出名，观潮于是成了圣米歇尔山一大景观。每逢傍晚，大西洋的潮水会以迅雷不及掩耳之势奔腾而来，刹那间将它四周的流沙淹没，顿时一片汪洋，只有那条长堤与陆地相连。每年春天和秋天，会有两次大潮出现，一次在 3 月 21 日左右，另一次是 9 月 23 日左右。每当此时，圣米歇尔山人山人海，热闹异常。

圣米歇尔山经大自然的造化，它本身就是世界的一大奇观，而山上的古迹修道院和大教堂则在基督教徒的心目中有着至高无上的地位。修道院是为大天使圣米歇尔建造，是杰出的技巧与艺术的绝技两者与独特的天然环境相结合的产物。圣米歇尔山大教堂展现着建筑师们独具匠心、巧夺天工的造型艺术水准，也为后人留下了一笔丰富的文化遗产。

1979 年联合国教科文组织将圣米歇尔山修道院评为世界文化及自然遗产。圣米歇尔山与其附近的海湾也是一处优美的自然景观，它的文化和历史与自然的完美结合使其成为人类的宝贵遗产。

文话天下

法国大革命时期，圣米歇尔山曾囚禁过数以万计的罪犯。后来，法国政府投入大笔经费进行大规模复修工程，筑起一条 4 千米长的堤道连接对岸陆地。岛上现还存有罗马式中殿和哥特式唱诗班席等。

▼ 圣米歇尔山为法国旅游胜地，也是天主教徒的朝圣地。

埃特纳火山

埃特纳火山位于意大利南部的西西里岛,是欧洲最高的活火山。由于埃特纳火山处于几组地层断裂带的交会处,一直活动频繁。2012年4月12日,埃特纳火山再次喷发,而这次,已经是自2011年1月份以来第24次喷发了……

▲ 卫星拍摄的埃特纳火山

埃特纳火山的名字来自希腊语"Atine"——我燃烧了。它海拔3200米以上,和其他活火山一样,其高度各个时期变化不同,如1865年比20世纪末要高52米。面积1600平方千米,基座周长约150千米。由于它是活火山,火山口则始终冒着浓烟。

埃特纳火山山顶常年积雪,其下部是一个巨大的盾形火山,上部为300米高的火山渣锥,说明在其活动历史上喷发方式发生了变化。由于埃特纳火山处在几组地层断裂的交会部位,所以一直活动频繁,以世界上喷发次数最多的火山著称。

粗看起来埃特纳火山与一般的山峰没什么两样,因其海拔较高,山顶还有不少积雪。但仔细看就会发现,地下的火山灰就像铺了一层厚厚的炉渣,凝固的熔岩随处可见。站在火山之巅,人们能感觉到脚下的火山正在微微地颤抖,好像随着脉搏一起跳动,这就是典型的火山性震颤。

据当地火山监测站人员观测发现,每日午后两点左右,火山震颤达到最高峰。埃特纳山上还不时地发出沉闷的声响,那是气体喷出的声音。火山的热度会通过地表传到人的脚上,使人觉得脚底也是温热的。在火山口

的侧壁上，还可以清楚地看见一个大圆洞，形状很规则，就像是人为挖的洞一样，里面还不时地逸出气体。山上遍布着各种大小的喷气孔，硫质气味很浓，喷气孔旁边常有淡黄色的硫黄沉淀下来，这些现象都说明埃特纳火山的活动性是很强的。一阵风吹来，火山喷出的有毒气体就迅速弥漫开来，一阵浓浓的硫磺味飘过，浓烟很快就会包裹了山上的一切，使人胸闷、窒息。

火山周围是西西里岛人口最稠密的地区。火山喷吐出来的火山灰铺积而成的肥沃土壤，为农业生产提供了极为有利的条件。海拔900米以下的地区，多已被垦殖，种植着果园。当地出产的葡萄酿成的葡萄酒很有名。山上建有盘山公路和缆车，供旅游者登山观赏火山胜地。山上有纪念罗马皇帝哈德良曾经攀登埃特纳火山的古迹。

这座"不安分"的火山爆发的时候，炽热的岩浆和浓黑的烟雾在夜晚非常耀眼——山脚下就是当地的居民区和旅游景点。虽然看上去似乎对当地居民十分危险，但意大利当地政府部门仍然认为目前火山爆发仍不足以对当地居民的生活构成严重威胁，因此只是加强了对火山的严密监控，而火山喷发也吸引了大量游客慕名前来。

文话天下

"如果不去西西里，就像没有到过意大利；因为在西西里你才能找到意大利的美丽之源。"格斯为寻找西方文化的根源来到意大利。西西里是个地中海上最大的岛屿，这里曾经居住过希腊人、古罗马人、西班牙人，他们的文化已然印证在这里。

▼ 埃特纳火山周围是西西里岛人口最稠密的地区

多佛尔白色悬崖

No.027 >>> **Duofuerbaisexuanya**

多佛尔,历久上被称为通向英格兰的钥匙,靠近它时,海上数里之外便可看到白色悬崖。虽然英格兰南部海岸全为白色悬崖,但人们总觉得没有什么地方能像多佛尔的白色悬崖那样激发出这么多流行的歌谣、诗句和绘画……

多佛尔是英国最接近欧洲大陆的地方,距离法国的直线距离只有 22 英里,站在陡峭的悬崖边,肉眼就可以隔多佛尔海峡望见那片陆地。城市的海岸边矗立着一堵雪白的"墙壁",近百米高的绝壁危崖似斧削一般垂直"插"进海里。朝海的一面裸露着白色岩石,因此被称为"白色悬崖"。

由于它接近法国,相距仅 34 千米,历史上多佛尔的地理位置对不列颠王国的防御有着重要的战略意义。多佛尔城堡位于白色悬崖的最高点,高出海平面约 114 米,是世界上给人印象最深的城堡之一。

悬崖上以形成于晚白垩纪的白垩地层为主,当时无数

多佛尔的悬崖高高地耸立于海面上,其闪烁着的耀眼的白色,是许多航海家对英格兰的第一印象。

微生物的躯体和富含碳酸钙的贝壳，死后沉入海底。贝壳一层一层地堆积起来，在被称为沉积作用的过程中逐渐受压。最后，白垩逐渐形成。它是一种松软的石灰岩，一旦形成，便迅速地受到来自海水和风力的侵蚀。

你知道这座白色的悬崖是怎么形成的吗？

原来多佛尔的白色白垩悬崖是由上亿的微小海洋原生动物群体所建造的，它们名叫"有孔虫"。原始海洋中有孔虫的数量极其庞大，它们死去之后尸体堆积在海底，几百万年之后，沉积物堆积如山，并露出海面，世界闻名的多佛尔白色悬崖就这样形成了。这些"有孔虫壳"的基本物质就是可以制作粉笔的碳酸钙。

悬崖上生长着各种各样的喜欢白垩土的鲜花。早在伊丽莎白时代就有记载，1548 年"英国植物学之父"威廉姆·特纳曾对此作过描述。至今这里仍然盛开着鲜花，其中最著名的是海甘蓝，它有鲜黄色的花朵和大而嫩绿的叶片。欧洲海蓬子和黄色的海罂粟，伴着几种只有在白垩土上才能生长的野兰花，是沿着多佛尔周围许多悬崖顶上小路的赏心悦目之处。

许多年来多佛尔白色悬崖已经成为航海者异常熟悉的航标，悬崖耀眼的白色也是许多游客对英格兰的第一印象。

2012 年 3 月，多佛尔白色悬崖因极端天气发生大面积坍塌，重约数千吨、面积相当于一个足球场的巨块石灰石掉进海中。专家说，坍塌是因为雨水流入干旱期裂开的石缝，在近期严寒天气中结冰膨胀，导致这块巨石逐渐松动最终与悬崖脱离。

文话天下

最壮丽的悬崖出现在澳大利亚维多利亚州的坎贝尔港国家公园，那里的石灰岩悬崖受到巨大能量的波浪的猛烈冲击。32 千米长的海岸不时被壮观的地质冲撞，在一定条件下，海浪沿隧道疾流，穿透天然井，引起像间歇泉一样的喷水。

▼ 多佛尔的悬崖是历史的见证，是民族气节的丰碑。

莫赫悬崖

No. 028 >>> **Mohexuanya**

莫赫悬崖是欧洲最高的悬崖，在爱尔兰岛中西部的边缘。悬崖面向浩瀚无际的大西洋，以奇险闻名。它横跨大西洋，沿着西海岸覆盖达 8 千米。它是爱尔兰最重要的海鸟栖息地，每年有超过 3 万只海鸟在那里繁殖后代，同时悬崖上还生长着许多珍稀植物品种。

爱尔兰作为翡翠岛国，给人的印象还是惬意舒服较多，莫赫悬崖作为欧洲最高悬崖无疑是游客欣赏另一种风景的最佳选择。莫赫悬崖的峻峭和冷酷，有别于岛上其他景色的柔和秀美。这里既无花草，又无柔软的沙滩。黑色的峭壁呈锯齿状，沿着克莱尔郡海岸延

▼ 站在莫赫悬崖峭壁顶上，犹如站在一个史前巨人的肩膀上，令人不得不感叹天公造物的蔚为壮观。

伸8千米。它高达200米，站在峭壁顶上，犹如站在一个史前巨人的肩膀上，令人不得感叹天公造物的蔚为壮观。

莫赫悬崖是由地壳变动和大西洋骇浪惊涛无数年冲击而成，是大自然令人叹为观止的杰作。斧劈刀削般的悬崖奇特地显现出密密的层次，彷佛是一部部千古巨书，悬崖最高处距海平面两百多米。悬崖附近，高耸着一座圆柱体的荒废不堪的古堡，像一个颓然而立的骑士。夕阳西下，又见烟波浩渺的大西洋上涌动着一片片灿烂夺目的光晖。

悬崖顶端，高耸着一座欧布莱恩塔，犹如一个勇敢的骑士挺立在山头，瞭望波涛翻滚的大海，固守坚不可摧的阵地。多个世纪以来，该塔一直被认为是悬崖的最佳观景点。在西北方向，阿伦群岛横卧在高威湾的入口，在海湾的远处，晴天可以看见康纳马拉及其独特的"十二峰"。

悬崖旁新修建了游览中心和观景台，游览中心的山洞内设有展览馆和酒吧等，还有很多礼品小店。长长的阶梯把游人引向景区最高点。站在观景台上，可以最好的角度观看莫赫悬崖的雄姿，让人流连忘返。

在我们所熟悉的电影《哈利·波特与混血王子》中，数百万的哈迷欣赏到莫赫悬崖上拍摄的惊心动魄的场面。电影中，哈利·波特和邓布利多为找出伏地魔的不灭原因而踏上危险旅程。他们站在一块岩石上，飞向耸立海边的莫赫悬崖上一个与世隔绝的岩洞——看，那就是莫赫悬崖惊险又威风的样子。

文话天下

在电影《哈利·波特与混血王子》中，莫赫悬崖已经不是第一次被搬上银幕了，有一长串世界著名影片都在这里取外景。比如《瑞安的女儿》《麦金托什男人》《公主新娘》《遥远》等。爱尔兰本土制作的电影如《走进西部》和《倾听我歌》也曾在莫赫悬崖取景。

▼ 斧劈刀削般的悬崖

乞力马扎罗山

No.029 >>> Qilimazhaluoshan

乞力马扎罗山是非洲最高的山脉，是一个火山丘，素有"非洲屋脊"之称。四周的山林养育着众多的哺乳动物，其中一些还是濒于灭绝的种类。而乞力马扎罗山国家公园和森林保护区占据了整个乞力马扎罗山及周围的山地森林。

▲ 卫星拍摄的乞力马扎罗山

"乞力马扎罗是一座海拔一万九千七百一十英尺的长年积雪的高山，据说它是非洲最高的一座山。西高峰叫马塞人的'鄂阿奇——鄂阿伊'，即上帝的庙殿。"——乞力马扎罗山因为在海明威的小说《乞力马扎罗山的雪》被提及而名声大噪。

乞力马扎罗位于在东非大裂谷以南，由三个主要的死火山——基博峰、马文济峰和西拉峰构成。基博峰最新，也最高，还保持着典型的火山锥和火山口的形状，并且同马文济峰的一段鞍状山脊相连，马文济峰是先前的一座高峰的较老的核心。西拉峰岭仅仅是较早的一个火山口的残余。

基博峰虽然看来像个盖着积雪的穹丘，但其南侧却有个火山口，火山口里有个显示残余火山活动的内火山锥。马文济峰是经过强烈侵蚀的，山势崎岖而且陡峭，并且被东西向峡谷劈开。基博峰的冰盖沿冰盖边缘残存下来，形成分散的大冰块。马文济峰上不存在永久冰，也几乎没有积雪地。近年来由于全球变暖，乞力马扎罗山的冰雪消融，已经引起联合国等国际组织关注。

在斯瓦希里语中，乞力马扎罗山意为"闪闪发光的山"。它的轮廓非常鲜明：缓缓上升的斜坡引向一长长的、扁平的山顶，那是一个真正的巨型火山口——一个盆状的火山峰顶。酷热的日子里，从很远处望去，蓝色的山基赏心悦目，而白雪皑皑的山顶似乎在空中盘旋。常伸展到雪线以下飘渺的云雾，增加了这种幻觉。山麓的气温有时高达 59℃，而峰顶的气温又常在零下 4℃，故有"赤道雪峰"之称。

乞力马扎罗山是坦桑尼亚人心中的骄傲，他们把自己看作草原之帆下的子民。据传，在很久很久以前，天神降临到这座高耸入云的高山，以便在高山之巅俯视和赐福他的子民们。盘踞在山中的妖魔鬼怪为了赶走天神，在山腹内部点起了一把大火，滚烫的熔岩随着熊熊烈火喷涌而出。妖魔的举动激怒了天神，他呼来了雷鸣闪电瓢泼大雨把大火扑灭，又召来了飞雪冰雹把冒着烟的山口填满，这就是今天看到的这座赤道雪山，地球上一个独特的风景点。这个古老而美丽的故事世代在坦桑尼亚人民中间传诵，使大山变得神圣而威严无比。1999 年 4月 1 日，该国《非洲》报传出了一个惊人的消息，称"欧盟发达国家准备出巨资用沙石把乞力马扎罗山抬高几百

▽ 乞力马扎罗山山顶终年满布冰雪

文话天下

乞力马扎罗山为地球上人类可徒步前往的最高处之一。每年都有大约 1.5 万人试图攀登乞力马扎罗山，其中有 40% 的人能成功地登上顶峰。但从其他路线攀登会比较困难，尤其是如果从冰川一侧攀登必须是专业登山人员。

登山者在路途中可以体会到一年四季的气候

"米"。"喜讯"传来，许多人欢腾雀跃起来，心想："它会不会变成第二个珠穆朗玛峰？"然而，第二天报纸把事情捅破，原来 4 月 1 日是"愚人节"。即使如此，仍有一些人坚信不移，因为他们明明看到二十多个高鼻子蓝眼睛的洋人天天扛着仪器测量雪山。

坦桑尼亚独立时，将乞力马扎罗山的主峰改称为"乌呼鲁峰"，意为"自由峰"，象征着勤劳勇敢的非洲人民在争取民族独立、国家自由的斗争中所表现的不屈不挠的坚强意志。在首都达累斯萨拉姆的椰林广场上，一名军官从当时的国家总统尼雷尔手中接过火炬和国旗，顶着狂风，冒着严寒，登上乞力马扎罗山的顶端，点燃熊熊的火炬，插上崭新的国旗。就在这同一时刻，达累斯萨拉姆举行的庆典仪式进入高潮。殖民统治的旗帜在黑暗中飘然下降，代表独立自由的国旗在欢呼声中徐徐上升。人们唱呀，跳呀，庆祝自己的新生。

在过去的几个世纪里，乞力马扎罗山一直是一座神秘而迷人的山——没有人真的相信在赤道附近居然有这样一座覆盖着白雪的山。乞力马扎罗山在坦桑尼亚人心中无比神圣，很多部族每年都要在山脚下举行传统的祭祀活动，拜山神，求平安。

近年来，乞力马扎罗山山顶积雪融化、冰川消失现象非常严重，在过去的 80 年内冰川已经萎缩了 80% 以上。有环境专家指出，乞力马扎罗雪顶可能将在 10 年内彻底融化消失，那个时候，我们人类也将不得不跟乞力马扎罗山独有的"赤道雪山"奇观道别。

尽管乞力马扎罗山峰顶部终年满布冰雪，但在 2000 米以上，5000 米以下的山腰部分，生长着茂密的森林，树木高大，种类繁多，其中不少是非洲乃至世界上的名贵品种，如一种名叫木布雷的树，生长期极长，木质坚硬，抗腐力强，是做家具或者盖房的上等材料。

而在 2000 米以下的山腰部分，气候温暖，雨水充沛，在肥沃的火山灰土壤上，生长着咖啡、花生、茶叶、香蕉等经济作物。山脚部分，气候炎热，即使在树荫下，气温也常在 30℃以上，到处是一片深颜重彩的非洲热带风光。山麓四周的莽原上，非洲象、斑马、驼鸟、长颈鹿、犀牛等热带野生动物以及稀有的疣猴和蓝猴、阿拉伯羚、大角斑羚等在那里自由自在地生活着，是世界上著名的野生动物保护区。这里也生长着茂盛的热带作物，除甘蔗、香蕉、可可外，最多的是用来纳布制绳的剑麻。

多少年来，乞力马扎罗山因火山运动形成的黑色沃土，滋润着东非千里原野，哺育着勤劳的人民，产生了灿烂的文化。据考古学家证明，早在公元 3 世纪，这里便是内陆与沿海进行商贸活动的中心。乞力马扎罗山地区已经于 1968 年辟为国家公园，生长着热、温、寒三带野生植物和栖息着热、温、寒三带野生动物。这一奇特的自然景观，是人类不可多得的珍贵自然遗产，联合国教科文组织已于 1979 年将它列入《世界文化与自然遗产保护名录》。

> ↙ 每年十二月到次年一月是去乞力马扎罗山观赏风景的黄金时期。在欣赏这座"赤道雪山"独特地理外貌的同时，还可以看到非洲象、斑马、驼鸟、长颈鹿、犀牛以及稀有的疣猴和蓝猴等。

肯尼亚山

No. 030 >>> **Kenniyashan**

肯尼亚山是非洲的第二高峰，被当地人视为神圣的王国。传统上，所有当地人的房子都面向这座神圣的高峰，他们称之为"光明之地"。这座山脉是一道令人叹为观止的风景，连绵的山峰峰顶覆盖着皑皑白雪，陡峭的山坡上森林浓密。

肯尼亚山是非洲第二高峰，仅次于乞力马扎罗山。而且，肯尼亚作为国家就因为这座山而得名。还没有行驶到山脚下，就被它的美丽所震撼。终年冰雪覆盖的顶峰被蜿蜒的群山环绕，绵延的山丘真如一匹彩卷般舒展在你眼前。

攀登肯尼亚山的旅程需 3～5 天，穿越一个迷人的世界，从温带森林和野生动物到独特的高山植物，最后出现在面前的是世界罕见的奇景赤道雪。大约 5199 米的最高峰对登山的技术要求比较高，而略低一些的勒纳那峰任何比较强壮的登山者都可以轻松登顶。对于那些不想登山的人，山脚下凉爽的高地也值得探访。森林是观赏野生动物的好地方，而水晶般清澈的山涧溪水里游弋着许多鳟鱼。黎明时分，清晨的曙光勾勒出令人震撼的最高峰的剪影，俯视

▼ 肯尼亚山动植物种类繁多

着周边的大草原。

肯尼亚山由间歇性火山喷发形成。整个山脉被辐射状伸展开去的沟谷深深切开。沟谷大都是冰川侵蚀造成，山脚有大约20个冰斗湖，大小不一，带有各种冰渍特征。

依高度不同，肯尼亚山有一连串独特的植被地区。草原覆盖着西部和北部的高地，南部和东部则以禾草和矮树为主。随着海拔的逐渐升高，茂密的环状森林也渐渐被雪松和罗汉松替代覆盖山坡。但随着海拔愈高，竹林高度明显递减，最后没入继起的高大帚石楠区。在过渡地带之上即俗称的高沼地，是罕见的非洲高山植被带。直到只有光秃秃的岩石、冰川和其他冰雪覆盖的高海拔地区了。

这里最著名的便是肯尼亚山国家公园了，涵盖肯尼亚山大部分海拔较低的边缘地区。公园及其四周有多种大型动物，包括象、水牛、黑犀牛和豹。一些濒危和稀有物种，如桑尼鹿和白化斑马也分布在那里。基库尤人以及和他们有亲缘关系的恩布人、梅鲁人在低海拔的肥沃山坡上开垦。

肯尼亚山国家公园位于内罗毕东北处，横跨赤道。1978年成为联合国教科文组织人与生物圈规划的一个生态保护区，从此得到国际公认。成立国家公园前已经是森林保护区，1997年列入《世界遗产名录》。

令人有些担忧的是，目前人类对海拔较低的森林地带影响较大。在干燥低矮林地，生活用火和雷电有一定威胁，火灾后树木只能缓慢自然恢复。森林受到的威胁与邻近地区相同，包括非法伐木、割柴、盗伐、烧炭、破坏性采蜜、定居和农业活动对森林的蚕食。

文话天下

肯尼亚山曾经是世界上最珍稀的羚羊们最快乐的家园，但由于它们毛色美丽柔软、肉质鲜嫩美味，非洲大羚羊遭人类大量捕杀，最后一只野生的非洲大羚羊已于1994年在肯尼亚山死去。如今只剩下400只生活在美国的动物园中。

肯尼亚山山顶常年积雪，所以，被誉为"赤道上的雪山"。

鲁文佐里山

No.031 >>> Luwenzuolishan

　　鲁文佐里山是非洲赤道附近著名的山脉,也叫"月亮山"。它的峰峦从云端露出容貌,非常美丽。鲁文佐里山耸立在国境线上,冰川、瀑布和湖泊使它成为非洲最美丽的山区之一。山上的公园保护着许多自然栖息地、濒危物种和珍稀植物,包括巨型石楠花。

文话天下

　　非洲有近一半的冰川冰被禁锢在冰冻的河流中。一个多世纪之后,有超过半数的冰川冰消失,有冰的山只剩下3座。过去100年来,鲁文佐里山脉最高峰——斯坦利山上的埃琳娜冰川呈现出戏剧性萎缩状态,令人担忧。

▽ 鲁文佐里山美景

　　鲁文佐里山是扎伊尔与乌干达国界上的高山群。在艾伯特湖与爱德华湖之间,西部地势高峻,向东渐趋低下,由古老结晶岩块隆起形成。平均海拔3000～4000米,有6座带冰川的山峰,近40条冰川。最高点斯坦利山的玛格丽塔峰,海拔约5109米,是次于乞力马扎罗山和肯尼亚山的非洲第三高峰。

　　山上经常云雾缭绕。断层湖依山成串排列,大山间多隘口和河流峡谷,湖光山色,风景秀丽。山坡多被覆森林,建有鲁文佐里国家公园。山麓有全国采铜中心——基伦贝。鲁文佐里山群峰耸立,山间云雾缭绕,是一座头顶赤道烈日的"赤道雪山",这种景观在赤道地区极为少见。大山间隘口遍布,峡谷穿插,森林密布,极为壮观。鲁文佐里山是乌干达人心目中的"圣山"。

　　鲁文佐里山以超大型动植物而闻名,似乎这里的每样东西都比其正常尺寸至少大一倍。鲁文佐里蚯蚓可长达1米,与人的拇指一样粗。这里的黑猪是非洲野猪中的庞然大物,重约160千克,站立高度为1米。一种在许多花园里经常见到的名叫半边莲的植物,在这里变成了2米高的烛形花穗。山上的竹子长到9～12米,蓑衣草长到1.8米。植物学家认为这里的动物、植物之所以生

在鲁文佐里山海拔 3400 米生长的大型植物

长得特别高大，是因为雨量丰富、阳光充足以及土壤呈酸性。

虽然山脉地处赤道线附近，但山顶终年积雪，而且还常能见到冰川。一望无际的冰川，在赤道阳光的照耀下闪闪发光。

鲁文佐里国家公园在海拔 2400 米以下的山坡，被一望无际的原始森林覆盖，在这里可以看到金丝桃科的一些植物；海拔 3000 米的地方，密密麻麻分布着高达 12 米的细竹，以至人都无法进入；海拔 3800 米一带，成群生长着高达 10 米的常绿树石楠。在比较肥沃的地方，树木茂盛，随处可见蔷薇科的一些低矮灌木。

鲁文佐里国家公园中，已有 75 种树木得到确认，其中 9 种非常珍贵。动物和昆虫和种类繁多，仅常绿林就有鸟类 90 种，蝴蝶 15 种。栖息在这里的无脊椎动物有 60 种，其中 25 种是这里独有的。公园里有上万头野牛，还有河马、大象、犀牛、长颈鹿、斑马和狮子等野生动物。濒临灭绝的非洲象、黑猩猩、长尾猴，是鲁文佐里公园的代表性动物。

三只角的变色龙是鲁文佐里山脉中最奇特的动物之一，当地人认为它会带来噩运。另一种奇特的动物是蹄兔，它属象类动物的一种，是体形很小的动物。外形像兔，但有蹄取代了爪子。当与同类相遇或受惊时，蹄兔会尖声高叫起来。

如果你来到这里，不小心撞到了它们，也不用太担心，用心对待动物的你们，运气总不会太差的。

鲁文佐里山的最高点——玛格丽塔峰

麦金利山

No.032 >>> **Maijinlishan**

麦金利山原名迪纳利峰。这是当地印第安人的称呼，意为"太阳之家"。第一次有关麦金利山的记载是在 1794 年，英国航海家乔治·克安克瓦沿着阿拉斯加海岸线航行时，在北方的水平线上发现了这座"伟大的雪山"，这就是它的最初记录。

1896 年，来阿拉斯加探险的威廉姆·迪克认定它是北美大陆的最高峰，他以将要当选为美国总统的威廉·麦金利的名字命名这座峰。他说，之所以要把这个荣誉给这位俄亥俄州的政治家，是因为他在荒无人烟的山里听到的第一个消息就是威廉·麦金利被选为新任总统。

麦金利山是北美洲最高峰，海拔约 6193 米。构造上属太平洋边缘山带。形成于侏罗纪末的内华达造山麦金利山风光运动。山势陡立，大部分的山体终年积雪，发育有规模很大的现代冰川，主要有卡希尔特纳和鲁斯等冰川。山地南坡分布有杉树、桦树林等植被。北坡雪峰、冰川相互辉映，绿树成带，风景优美。

▼ 麦金利山常年笼罩在烟雾之中，山顶被雪覆盖，异常巍峨，雪峰、冰川相互辉映，绿树成带，风景优美。

麦金利山区由于受到温暖的太平洋暖流影响，气候比较温和，到夏季时也是青绿一片，海拔762米以下，发育了森林，以杉—桦树林为主。绿色的森林，雪白的山峰，广阔的冰川，在阳光下相互辉映，风光优美，令人耳目一新。

1917年，麦金利山被辟为国家公园。麦金利山国家公园是美国仅次于黄石公园的第二大公园，面积6800多平方千米。这里地处边陲，人烟稀少，气候寒冷，自然风光独特，公园以北400千米就是北极圈。每当中午，公园景色最为壮丽。在麦金利山国家公园里，人们可以感受到冬季的暗无天日，也能享受到夏季的漫长白夜。

由于麦金利山是北美洲的第一山峰，吸引了世界各地的旅游者和登山者。为了方便普通游客，这里修筑了一条曲曲折折的小路，直通山顶。由于这里的天气变化无常，小路的大部分常被积雪覆盖，攀登十分困难，即使是专业的登山队员也需要两个星期才能登上峰顶，而普通的游人大概需要一个月的时间。天气突变以及雪崩每年都会造成登山者遇难的悲剧，这给富于冒险精神的美国人提供了一个表现的场所，他们争相来到这里，以自己的体魄和智慧向麦金利山挑战。

为保证登山者的安全、保护山区环境，麦金利山接待的登山者将不得超过1500人。世界著名探险家，日本登山家植村直己就是在1984年冬季攀登此山时遇难身亡，成为麦金利山攀登史上第44位殉难者。很多知名的登山家攀登的脚步都是在这里终结的。

在麦金利山区旅游，人们可以住在因纽特人的小屋里，体会那种捕鱼、打猎的原始生活方式。此外，这里还是对冰川冻土、极地高山气候、自然生态、地球物理等进行科学研究的理想之地。

文话天下

1913年，麦金利第一次被人类征服，斯图克作为队长，带领由四人组成的登山队前往。其中，队员赫特最终到达顶峰。赫特后来和他妻子外出旅行时意外身亡。

▼ 由于麦金利山是北美洲的第一山峰，吸引了世界各地的旅游者和登山者。许多运动员在冰天雪地的冬季带上自己的雪橇狗试图登上麦金利山的峰顶。

阿空加瓜山

No. 033 >>> **Akongjiaguashan**

　　阿空加瓜山被公认为西半球最高峰，是冰川山系，也是世界最高的死火山，绰号"美洲巨人"。它由安第斯山脉的造山运动形成。沿途的第一处重要历史遗迹是卡诺塔纪念墙，当年何塞·德圣马丁就是从这里率领安第斯山军越过山脉去解放智利和秘鲁的。

　　阿空加瓜山海拔约 6960 米，是南美洲最高峰。属于科迪勒拉山系的安第斯山脉南段，在阿根廷与智利交界的门多萨省的西北端，但其西翼延伸到智利圣地牙哥以北的海岸。阿空加瓜山由第三纪沉积岩层褶皱抬升而成，主要由火山岩构成。峰顶较为平坦，堆积安山岩层，是一座死火山。山麓多温泉，附近著名的自然奇观印加桥为疗养和旅游胜地。

▼ 阿空加瓜山山顶西侧因降水较少，没有终年积雪。

　　阿空加瓜山不像其他高山，都是北坡攀登较容易，南坡较难，阿空加瓜山四面皆可攀登，海拔相当高，但可不需氧气瓶就能登顶。并不是每个人都可以自由攀此山，通常只有持登山许可证的登山运动员才被允许登山。

　　第一个登上阿空加瓜顶峰的人是马蒂

阿斯·朱布里金，他登峰成功的时间在 1897 年 1 月 14
日。此后，无数登山爱好者向阿空加瓜山挑战，试图征
服这座"巨人"。

卡诺塔纪念墙是阿空加瓜山山麓沿途中一道美丽的
风景线。在卡诺塔纪念墙以西的维利亚西奥村（坐落在
海拔 1800 米的高地上），有一所著名的温泉疗养旅馆。离
开这里，经过一段被称为"一年路程"的大弯道，便来
到了海拔 2000 米的乌斯帕亚塔村。村子附近有当年安第
斯山军砌成的拱形桥——皮苏塔桥以及兵工厂、冶炼厂
等遗址。再往前行就到了旅游小镇乌斯帕亚塔镇，这里
旅游设施齐全，十分繁华，风景也很优美。

从乌斯帕亚塔镇起，海拔已达到 3000 米左右，经过
瓦卡斯角小站，可以看到一座天生的石桥印加桥，登山
者一般都以此为出发点。印加桥附近有一组高大的岩石
峰，形如一群站立忏悔的人群，当地的印第安人称其为
"忏悔的人们"。

过了印加桥，矗立着一座耶稣铸像，是阿根廷和智
利为纪念和平解放南部巴塔哥尼亚边界争端签订《五月
公约》而建立的。它的基座上铭刻着：此山将于阿根廷
和智利和平破裂时崩溃
在大地上。

阿空加瓜山已经
"死"了很多年，它的身
体里藏有不少金矿，科
学家们相信世界上大多
数最大的金矿乃是史前
时代火山的活动中所形
成的。不过，死火山也
有"复活"的可能性。阿
空加瓜山的未来，是不
是也很神秘呢？

距离顶峰 459 米的棚屋夜景

文话天下

在阿空加瓜山海拔 6500
米处有一个棚屋，这是登山
者的最后营地。这里距离顶
峰看起来只有区区的 459 米，
但就是这 459 米，却是最难征
服的一段路程——即使是相
当专业的登山者，也至少要
花费 7 个小时才能达到顶峰。

阿空加瓜山东、南侧雪冰雪厚
达 90 米左右，发育有现代冰川。

圣海伦斯火山

No.034 >>> **Shenghailunsihuoshan**

　　圣海伦斯火山是一座活火山，是喀斯喀特山脉的一部分，也是一百六十多个活火山的环太平洋火山带的一部分，因火山灰喷发和火山碎屑流而闻名。与喀斯喀特山脉其他火山类似，圣海伦斯火山呈圆锥形，由熔岩、火山灰、轻石和其他们沉积物交替层叠堆积而成。

▲ 从高空俯瞰圣海伦斯火山

　　圣海伦斯火山最著名的一次爆发发生在 1980 年 5 月 18 日。这是美国历史上死伤人数最多和对经济破坏最严重的一次火山爆发，造成 57 人死亡，250 座住宅、47 座桥梁、24 千米铁路和 300 千米高速公路被摧毁。火山爆发引发的大规模山崩使山的海拔高度从爆发前 2950 米下降到了 2550 米，并形成了巨大的马蹄形火山口。

　　即便在由于爆发失去其部分高度之前，圣海伦斯火山也不是非曲直喀斯喀特山脉中最高的，其山峰海拔在华盛顿州只排在第五。圣海伦斯火山在周围的群山中受到瞩目是因其山峰形状的对称，以及 1980 年前山峰上厚厚的积雪，并因此得到了 "美国的富士山" 的昵称。

　　火山上的溪流分别汇入三大河流系统：北方和西北方的图尔特河，西边的卡拉玛河，和东南方向的路易斯河。当地的降雨和山顶上的积雪为溪流供应了充足的水源。

　　历史上，圣海伦斯火山的活动对当地住民的生活有巨大的影响。考古学者发现，3500 年前的一次大爆发把原住民的定居点掩埋在了一层厚厚的轻石下面，导致居民对这一地区放弃了长达 2000 年。到了近代，当地的部

文话天下

　　2010 年 4 月冰岛火山爆发后，压力使火山灰往外喷发，同时由于温度高，热空气带动质量小的火山灰往高空飘去，以至于火山灰飘到德国等其他国家，对当地的航空等公共交通造成了相当大的影响。

落季节性地移居到这里，采集越橘果，捕鲑鱼、驼鹿和鹿。

圣海伦斯火山在1980年5月18日发生了灾难性的大爆发。之前几个月里，山的北面一个巨大的凸出部分不断增长，最终一次中等规模的地震在山北侧引起了历史记录上最大的一次滑坡。刚刚暴露出的火山的灼热高压岩石从此喷发而出，导致了美国本土48个州历史记录上最大的一次火山爆发。

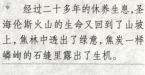

圣海伦斯火山呈圆锥形，山峰形状对称，山峰上有厚厚的积雪，有"美国的富士山"之称。

经过二十多年的休养生息，圣海伦斯火山的生命又回到了山坡上，焦林中透出了绿意，焦炭一样嶙峋的石缝里露出了生机。

火山爆发的遇难者，30岁的火山学者大卫·A·约翰斯顿当时正在附近的冷水山脊进行观测，在观测点被热火山灰云席卷之前的一刻留下了他著名的话，也是对火山爆发的最早报告："温哥华！温哥华！爆发来了！"美国总统吉米·卡特在视察火山造成的破坏后说，"有人说这里看起来像月球表面。其实跟这里比起来，月球表面只不过是高尔夫球场。"

在1980年火山爆发以后，那一区域的自然环境逐渐恢复了毁灭之前的旧观。1982年，美国总统里根及美国国会建立了圣海伦斯火山纪念地，包括了吉福品彻国家森林中圣海伦斯火山周围445平方千米的土地。

1987年，国家森林服务重新开放火山供登山者登山。火山开放持续到2004年，新的火山活动导致了附近的区域再度关闭。此前每天最早到达的100个远足者被允许攀登火山山顶。2006年7月21日起，火山又再度开放。

冒纳罗亚火山

No.035 >>> **Maonaluoyahuoshan**

　　冒纳罗亚火山是夏威夷海岛上的一个活跃的盾状活火山,山顶的大火山口叫莫卡维奥维奥,意思为"火烧岛"。冒纳罗亚山顶常有白云缭绕,忽隐忽现,远远望去,像是有神仙居住一般。

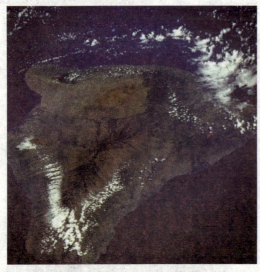

卫星拍摄的冒纳罗亚火山

冒纳罗亚火山,是形成夏威夷的五个火山当中的一个。虽然它峰顶比相邻的冒纳凯阿火山要低36米,但夏威夷人仍然把它命名为"长山"。从冒纳罗亚火山喷发出的熔岩流动性非常高,这导致该火山的坡度十分小。

　　冒纳罗亚火山喷发了至少70万年,约在40万年前露出海平面,但当地已知最古老的岩石年龄不超过20万年。海岛之下其中一个热点的岩浆在过去千万年来形成了夏威夷岛链。随着太平洋板块的缓慢漂移,冒纳罗亚火山最终被带离热点。

　　冒纳罗亚火山不断倾泻的大量熔岩,使该山逐渐变大。人们把这些熔岩称为"伟大的建筑师"。火山爆发带来周期性和毁灭性破坏,凡岩浆流经之处,森林焚毁,房屋倒塌,交通断绝。

　　岛上第二大火山是基拉韦厄,山顶为一茶碟形火山口盆地,盆地内的赫尔莫莫火山口,意为"永恒火宫",最为著名。该火山口中的熔岩经常如潮汐般涨落。当火山爆发时,熔岩不仅从火山口,也从岩层缝中溢出,橘红色的熔岩巨流就像一条伏卧而行的火龙，景象十分壮观。

冒纳罗亚火山约喷发过 35 次，至今山顶上还留着火山口。这个火山口在 1984 年 4 月再次喷发，熔岩向夏威夷首府希洛的方向流泻了 17 千米。大喷发前在火山上空出现了巨大的热浪，附近的人先看到了滚滚乌云，接着是电闪雷鸣，随即下起了大雨。

冒纳罗亚火山所在的夏威夷群岛是火山岛，也是太平洋上有名的火山活动区，因为这些岛屿正位于太平洋底地壳断裂带上，夏威夷群岛都是由地壳断裂处喷发出的岩浆形成的，直至现在，一些岛上的火山口，还经常发生火山喷发活动。由于都是火山岛，夏威夷群岛各个岛屿，都是地势起伏的纵横山地、丘陵，平原很少。这也形成了夏威夷群岛美丽独特的自然景色。

夏威夷岛上的冒纳罗亚活火山上，还有夏威夷国家火山公园。这个火山公园自冒纳罗亚山顶的火山口，一直延伸到海边。在火山公园里，可以看到世界其他地方难以见到的景观。如，火山喷发时形成的硫磺堆积起来的平原、熔岩隧道等。

在火山喷发口活动强烈时，会从火山口溢出熔融状态的岩浆，沿着山坡向下流，一直流淌到远在几十公里的太平洋里，并发出咆哮的声响，有时可延续几个月。熔岩流过的地方，房屋树木，全被熔岩吞没。岩浆冷却后，便形成山坡上坚硬的熔岩覆盖层，寸草不生。

夏威夷群岛的自然景色却非常优美，夏威夷群岛还有自己的岛花——红色的芙蓉花。在夏威夷各岛上，一年四季都可以看到盛开的鲜花。

▲ 冒纳罗亚火山喷发时所产生的岩浆

文话天下

世界的某些地区，山脉在隆起。这些正在上升的山脉下面的压力在变小，这些山脉下面可能形成熔岩。这种物质沿着隆起造成的裂痕上升。熔岩库里的压力大于它上面的岩石顶盖的压力时，便向外迸发成为一座火山。

▲ 冒纳罗亚火山山顶常有白云缭绕，忽隐忽现。

汉科乌马山

No.036 >>> **Hankewumashan**

　　汉科乌马山是玻利维亚的一座山峰，海拔6427米。地处玻利维亚西部，西面临近的的喀喀湖，东南距拉巴斯约90千米。耸立于雷亚尔山脉之上，与其西北附近的伊延普山相对峙，山顶终年积雪。

　　汉科乌马山耸立于雷亚尔山脉之上，与其西北附近的伊延普山相对峙。山势雄伟高峻，山顶终年积雪，从拉巴斯可遥望其雄姿。地质上属年轻的褶皱山系，形成于白垩纪末至第三纪阿尔卑斯运动，历经多次褶皱、抬升以及断裂、岩浆侵入和火山活动，地壳活动仍在继续，为环太平洋火山地震带的一部分。按构造地形特征，分为北、中、南三段。

　　北段山脉成条状分支，隔以广谷和低地，各条山脉多代表背斜构造，通过侵蚀，轴部出露花岗岩、片麻岩等古结晶岩，两翼则残留着白垩纪、第三纪砂岩和石灰岩。中段宽度和高度显著加大，东、西科迪勒拉山脉之间楔入宽阔的山原——玻利维亚高原。南段高度和宽度逐渐减缩，东、西科迪勒山脉拉合二为一。由于纵横断层交错，加以第四纪冰川和流水的侵蚀作用，山地显示分割破碎的形态，普遍具有阿

▼ 汉科乌马山山顶终年积雪

尔卑斯型地貌特征。

关于南美的最高峰是阿空加瓜山（6960米）还是汉科乌马山，目前有争议，多数资料显示最高为阿空加瓜山，但也有部分认为是汉科乌马山。在有的地图册上，汉科乌马山的标高为7010米，为西半球第一高峰。但这已被证明为测量错误。

黄昏时的汉科乌马山美景

汉科乌马山是伊延普的南卫峰。虽然它比主峰高，但有相关数据表明，伊延普山形更加雄伟、险峻，被当地人认为是主峰，而汉科乌马山是山脊上的一个小峰尖，所以即使高于主峰，也依然被认定位南卫峰。

汉科乌马山所处的科迪勒拉山系纵贯南北美洲大陆西部。北起阿拉斯加，南到火地岛，绵延约1.5万千米。属中新生代褶皱带，构造复杂，由一系列褶皱断层组成。主要形成于中生代下半期和第三纪，褶皱断层构造复杂，地壳活动至今仍在继续，多火山地震，是环太平洋火山地震带重要组成部分。

汉科乌马山所在的地段山系自然环境复杂，分布有自寒带到热带的多种气候—生物带，有世界上最完整的垂直带谱。高山有现代冰川。是河流的重要发源地，富水力资源。高大的山系构成南北美大陆重要气候分界线。山区森林茂密，富藏铜、铝、锌、银、金、锡、石油、煤、硫黄及硝石等多种矿产。

从整体地貌来看，山麓构造复杂，由一系列褶皱断层造成，并伴有地震火山现象。但同时，森林茂密，水力丰富。并且融合了多种气候类型和自然带于一山体，并有若干种垂直带景观。高大山系的崛起和屏障作用，对南美洲大陆气候、水文网分布、地理环境地域分异、人文景观交通线布局等带来巨大影响。

文话天下

科迪勒拉山系的形成过程中，北美西北部和亚洲东北部曾有过联系和中断，从而使两地动物互有往来，形成许多共同属和相似的动物种，如水貂、猞猁、狼和獾等。它也提供了南北美洲之间动物往来的条件。

帕里库廷火山

No. 037 >>> **Palikutinghuoshan**

　　帕里库廷火山是位于墨西哥米却肯州西部的一座火山,是北美洲最年轻的火山,被许多人称为"世界七大自然奇观"之一。火山的名字因其附近的帕里库廷村而得名。现在每年都会吸引众多游客前去游览。

　　帕里库廷火山是墨西哥米却肯州西部的火山。位于乌鲁阿潘西北处,为地球上最年轻的火山之一。1943年2月20日喷发,火山灰、熔岩烧毁并掩盖了两个村庄和数百房屋。183年前喷发的艾尔胡鲁罗火山,在帕里库廷火山东南大约75千米处,这一地区大约有1400个火山口。帕里库廷火山最独特的是从始至终喷发的全过程一直被人们观察到,而且没有造成人员伤亡,只有3个人死于火山喷发造成的闪电。

　　在1943年以前,这座火山还并不存在。1943年2月20日,帕里库廷村中的农民迪奥尼西奥·普里多发现自己的玉米田里出现一个大洞,他与妻子和儿子还试图用石头去堵塞,但很快洞中涌出岩浆,喷出火山灰。24小时之内就形成50米高的火山锥,一个星期内达到100米。

　　到了三月份,火山灰掩埋了帕里库廷村和圣胡安村两个村庄和数百幢房屋,6月12日大量岩浆喷出,八月份两个村庄全部被掩埋。一年间,火山锥已经达到336米高,覆盖了25

▼ 帕里库廷火山给了人们一个了解火山的机会

▲ 1943 年玉米田里的帕里库廷火山喷出火山灰。

平方千米的区域,以后一直持续喷发了 8 年,然后开始缓和,断断续续地喷发,直到 1952 年彻底停止喷发。最后高度达到 457 米,海拔高度 3170 米,并被列入死火山名单。它总共喷出 10 亿吨熔岩,冷却的岩浆依地形的不同形成厚度在 2 ~ 35 米之间的火山岩层。

文话天下

普里多的玉米地不见了,一座火山诞生了——帕里库廷火山还被人们喻为"玉米地里长出来的火山"。从此,它成了人们研究火山的一个"活标本",因为它靠近帕里库廷村,便被命名为"帕里库廷火山",在今天的世界地图上都可以找到它。

如果你去当地旅行,还能见到一座圣胡安教堂的遗址——它的幸存,不得不说是个奇迹。整体建筑全没有了,其幸存部分是教堂两端的残存建筑——一是大门及两侧钟楼,一是教堂最深处树立圣像祭坛的那堵山墙及两侧的部分残墙。教堂中间放置座位的部分则全部被岩浆毁灭了。

令人称奇的是,当年那灼热的岩浆摧垮教堂的墙壁,里外夹攻流到位于建筑两端的大门口和祭坛圣像附近,竟戛然而止,好像有一股无形的力量将它们阻隔在数米之外,不断涌来的岩浆就在这堵看不见的墙外升至四五米高而始终奈何不得,只好向更远处流去。教堂两端的部分建筑就这样得以幸存,并被耸立在教堂中间部分的大堆高高的火山岩分隔成了两个独立的遗迹。

帕里库廷火山突然间从无到有令很多人得到了一个认识火山的千载难逢的良机,甚至在当年还有众多墨西哥学者、艺术家和记者兴奋地赶到帕里库廷火山,目睹这个世间罕见的地理奇观。

如今,帕里库廷火山已成为墨西哥最具魅力和最令人激动的自然景观,并成为墨西哥画坛流行一时的创作题材。

▼ 1943 年,帕里库廷火山涌出的岩浆。

尤耶亚科火山

No.038 >>> **Youyeyakehuoshan**

南美州尤耶亚科火山是世界上最高的活火山，它位于一个更老的层状火山之上。据历史记载，尤耶亚科火山上一次爆发发生于1877年。由于其顶峰下海拔6499.9米处有个小火山口不断向外冒热气，故也有人认为它同时是最高的活火山和最高的考古点。

尤耶亚科火山山顶终年积雪

南美洲的尤耶亚科火山位于智利北部同阿根廷接壤的边界以西安第斯山中段，高度在海平面以上6739米，使得它成为历史上曾活动过的海拔最高的火山。厚厚的熔岩流以及火山灰和岩石一样的碎片形成了目前的火山锥。根据史料记载，该火山在1877年最后一次爆发。此后一百多年来，这座火山一直处于休眠状态，迄今没有再活动，也未发现近期会重新活动的迹象。

这座火山有一个有趣的特征：熔岩流是由于高黏稠、厚层的熔岩在陡峭的地表流动而形成的。当它们向下流动时，熔岩的顶部慢慢冷却，形成了一系列与流动方向呈90°角的平行山脊（在外观上有些类似于手风琴的褶）。熔岩的两边也比中心冷却得快，导致像墙壁一样的结构形成，这种结构称为流堤。

尤耶亚科火山也是著名的考古遗址，三个印加儿童的木乃伊依然存在，这三个儿童是在500年前去世的，而他们的木乃伊在1999年被人们在山顶发现，因此，该火山成为了世界最高的考古点。

尤耶亚科火山山顶终年积雪。早在公元 1550 年以前，人类就曾登上过这座山峰。有人类历史以来曾记录到该火山有三次喷发活动，最近一次喷发是在 1877 年。该火山以北约 45 千米处为索孔帕山山口，是国际铁路线经过处。

也许，尤耶亚科火山自己也没有想到，竟会成为世界考古的最高点。但事实的确如此，作为地球上最高的休眠火山，尤耶亚科火山位于智利北部同阿根廷接壤的边界以西安第斯山中段。在尤耶亚科火山顶可眺望到阿根廷西部广阔且荒凉的安第斯山脉。1998 年，尤耶亚科火山高峰处发掘出印加遗址，该遗址中有许多 500 年

帕瑞纳天文台和尤耶亚科火山

前的史前古器物和三个保存完整的陪葬孩童尸体。因此该火山成为了世界最高的考古点。

在阿根廷萨尔塔博物馆陈列着一具 15 岁孩童木乃伊尸体，科学家发现和这具木乃伊一起被发现的另外两具木乃伊：6 岁女孩和 7 岁男孩，在送至阿根廷和秘鲁连接的尤耶亚科火山上进行祭祀之前被明显地"养胖"。这项发现是基于科学家对木乃伊尸体上的头发样本分析得出的结论。在五百多年前他们死亡前的几个月，他们所吃的食物十分有营养，其中包括马铃薯、玉米，还有骆驼肉，食用这样的食物从而显示出他们地位的提升。

蓝山山脉

No. 039 >>> Lanshanshanmai

　　澳大利亚的蓝山山脉为大分水岭支脉,以格罗斯河谷为中心。山上生长着各种桉树,桉树挥发的油滴在空气中经过阳光折射呈现蓝光,因而得名蓝山。蓝山山脉国家公园由三叠纪块状坚固砂岩积累而成。三姐妹峰是蓝山的标志性景观。

文话天下

　　琴鸟是蓝山山脉的一道独特景观,也是澳大利亚特有的动物。琴鸟以雄琴鸟的艳丽尾羽而著名。但雄琴鸟表明自己所占的领地和吸引异性的炫耀行为,也同样精彩。雄琴鸟往往会因地制宜,就地取材,用林地上的废物堆成小丘,作为自己的表演舞台。

▼　蓝山山脉被英国女王伊丽莎白二世称为"世界上最漂亮的地方之一",这里的山脉因为终年被蓝色的雾气缭绕而得名。

　　蓝山山脉地区拥有 103 万公顷的砂岩平原、陡坡峭壁和峡谷,这里溪谷幽深狭长,溪流经年累月地冲刷沙岩,形成了一个个竖直的缝道。往往抬头只见一线蓝天,但下到深处却会发现别有洞天。这些包裹在山腹中的溪谷里藏有瀑布、深潭、岩洞、隧道和各种珍奇漂亮的动植物。

　　蓝山山脉地区拥有大面积的砂岩平原、陡坡峭壁和峡谷,其间到处生长着桉叶植物。蓝山被分成了八个保护区,这里因为桉叶植物在冈瓦纳大陆分离后在澳大利亚大陆的典型进化适应和变异而出名。蓝山的桉叶植物根据多种不同的生长环境发生了结构和生态变异。澳大利亚的物种多样性在蓝山得到最充分的体现,这里有大量稀有物种和濒危物种,包括具有明显地域特征的进化

了的古代遗留物种，这些物种现在只能在很小范围的地区寻觅到。

澳大利亚的桉叶植物在冈瓦纳大陆分离后显示了很强的适应能力和进化能力，具有很高的认知研究价值。蓝山地区拥有适合桉叶生长的各种典型生长环境，包括了各种干、湿硬叶植物生长地、小有加利树生长的旷野荒地，以及蓝山特有的沼泽、湿地和草地。

澳大利亚的蓝山山脉国家公园位于东南部的新南威尔士州，距悉尼以西约 65 千米处，为大分水岭支脉。蓝山山脉国家公园占地约2000 平方千米，以格罗斯河谷为中心。1813年欧洲人布拉斯兰·劳森历经艰险跨越山区到达内地，在山入口处种植纪念树，至今残干尚存，是拓荒者遗迹之一。蓝山的气候宜人，曲径迤逦。这里有高 450 米的三姐妹峰、吉诺蓝岩洞、温特沃思瀑布和鸟啄石等名胜。

三姐妹峰耸立于山城卡通巴附近的贾米森峡谷之畔，距悉尼约 100 千米，峰高 450 米。三块巨石拔地如笋，俊秀挺拔，如少女并肩玉立。

蓝山山脉的温特沃思瀑布从一个悬崖上飞泻而下，落入 300 米深的贾米森谷底。从观瀑台上看过去，大瀑布像白练垂空，银花四溅，欢腾飞跃，气势磅礴。从观瀑台上回首西望，高原和山峰在云雾中时隐时现，虚无缥缈，景象奇特。

蓝山山脉的吉诺蓝岩洞经亿万年地下水流冲刷、侵蚀而形成，雄伟绮丽、深邃莫测。洞内钟乳石、石笋、石幔在灯光的照射下闪烁耀眼，光怪陆离。洞中的钟乳石又长又尖，向下伸展，与石笋相接。鲁卡斯洞的折断支柱，鬼斧神工，均为大自然奇观。

三姐妹峰是蓝山山脉地区最著名的景点，三座山峰并肩耸立在贾米森峡谷河畔，宛如三位恬静的少女。

被蓝雾笼罩着的蓝山山脉在太阳光的照射下终于露出了明亮的"面容"。

库克峰

No.040 >>> Kukefeng

库克峰是新西兰南阿尔卑斯山最高峰，位于南岛中西部的南阿尔卑斯山脉中，终年积雪。塔斯曼冰川长 30 千米，为大洋洲最大的冰川。也是南岛旅游的重要地标，位于世界遗产欧拉奇——库克峰国家公园中心，周围有诸多湖泊、冰川。

卫星拍摄的库克峰

库克峰海拔约 3755 米，天高云淡，能清晰地看见终年积雪。以库克村为旅游中心，周边有许多条徒步线路，都能走到近处观看库克峰和塔斯曼冰川。由基督城经过绿林茂密的坎特布利平原，向南前进，放眼望去所见的就是被称为"南半球的阿尔卑斯山"的库克峰。山麓地带是绝佳的自然游乐场所，有美丽的高山植物花园，还可以滑雪。

库克峰不仅因为它山高而著名，最令人感兴趣的是它的植被垂直带的变化。库克峰海拔 900 米以下是山地森林带，这里森林茂密，多野兔、羚羊，是爬山狩猎的理想场所；900～1300 米为亚高山带，这里有森林、草地、灌木地以及裸露的岩石；1300～1850 米为亚高山草地，主要植被由雪塔塞克禾草构成；1850～2150 米间是亚高山森林带，这里岩石裸露；在海拔 2150 米以上属于高山地带，这里寸草不生，只见玄黑色的岩石交错于冰雪之间，山间多冰川、瀑布。

库克峰南阿尔卑斯山脉纵向贯穿在南岛的中部，许多山脉被白雪覆盖，延绵几百公里。早年的航海家驶近南岛东岸时，放眼望去，看到一列高耸入云的雪峰，即定名这里为"长白云之地"。

这一带的范围被命名为库克峰国家公园，与西州国家公园相背立。库克峰被冰河侵蚀成 V 字形的山谷前，有两个宁静而美丽的湖泊位于其间，即普卡基湖和太卡湖。南阿尔卑斯山雪融之后的水流经好几个湖泊后，来到南坎特布利平原的威塔奇河，然后东流注入南太平洋。

库克峰里面聚集着雪山、冰川、河流、湖泊、山林以及动物和高原植被等，这里给人们的惊奇是其他地方所无法比拟的。屹立在群峰之巅的库克峰顶峰终年被冰雪覆盖，而群山的谷地里，则隐藏着许多条冰河。在冰河内部，由于它的移动，带着山体的碎石下滑，加上阳光的照射，使冰河表面形成了无数的裂缝和冰塔，造形是千姿百态，耀眼夺目。

库克峰公园内多湖泊，冰蚀湖呈深赭石色。雨水湖清澈翠绿，山影碧波，气象万千。园内动物有大鹦鹉、鹰、羚羊和野猫等。来这里滑雪、爬山、狩猎真是再合适不过了。

胡克谷步道长 9000 米，走一个来回需 3 ～ 4 小时，是库克峰国家公园最著名的步道，沿途除了有库克峰和周围群峰美景相伴，春夏两季青翠的高山草地上还有如库克峰百合等无数美丽的花朵灿烂相迎，高山纪念碑是眺望山谷景色的绝佳地点，接近穆勒冰河时还可欣赏高山与冰瀑的壮观景象。越过胡克河上的吊桥，更是此行的极大乐趣。

文话天下

库克峰是许多登山者向往的高山，1894 年首度由杰克克拉克、汤玛斯费夫、乔治格雷汉三位新西兰登山家登顶成功——但并非所有人都如此幸运，其后变化莫测，突来的风暴或雪崩等潜藏的危险，都有可能夺走登山者宝贵的生命。

▼　库克峰顶部有大量积雪，以巨大冰川著名，最大的冰川是塔斯曼冰川，景色非常壮观。

文森峰

No.041 >>> **Wensenfeng**

文森峰是南极洲最高峰，位于埃尔斯沃思山脉，在森蒂纳尔与赫里蒂奇岭之间，长久地俯瞰着龙尼冰架。1935 年由美国探险家艾尔斯沃思发现。在当地发现一些软体动物化石，包括三叶虫和腕足动物，说明这里在寒武纪时气候温和。

▲ 卫星拍摄的文森峰

文森峰是南极大陆埃尔斯沃思山脉的主峰。南极半岛附近的岛屿多数由黑色火成岩构成，怪石嶙峋，奇峰突兀，气度非凡。文森峰山势险峻，且大部分终年被冰雪覆盖，交通困难，被称为"死亡地带"。它虽然不高，但在七大洲最高峰中，它是最后一座被登顶的山峰。在 1966 年 12 月 17 日，美国一支登山队首次登顶文森峰。

南极洲在形成时，还是一片汪洋大海，由于地壳运动，一些陆地及岛屿从海中升起，才构成今天的地理状况。它包括多山的南极半岛、罗斯冰架、菲尔希钠冰架和伯德地。

众所周知，南极洲是地球上最冷的大陆，冬季极端气温很少高于零下 40℃，直至目前世界上被记载的最低气温是零下 88.3℃，是 1960 年 8 月 24 日由苏联的东方站测定的。南极洲的风也是独具个性的。冷空气从大陆高原上沿着大陆冰盖的斜坡急剧下滑，形成近地表的高速风。风向不变的下降风将冰面吹蚀成波状起伏的沟槽，有时甚至会形成暴风雪。即使是最温暖的月份中，风速也是非常大的。

南极洲还是地球上最干燥的大陆，几乎所有降水都

是雪和冰雹。极地气旋从大陆以北顺时针旋转，以长弧形进入大陆，除西南极的低海拔地区以外，这些气流很难进入大陆内部。但是，在气旋经过的南极半岛末端，年降水则特别丰富——文森峰就是在这样的环境下，长久地矗立着。

从文森峰回来的登山运动员说，"文森峰有时候很冷，有时候很热。今天在营地附近的小山上拉练，海拔大概上升了五六百米，走了约四个多小时。在有太阳和无风的情况下，即使只穿一件排汗内衣依然会热得流汗。但是稍微刮起一点风，或者是来了一片云，马上就能感受到，这毕竟是在零下二十几度左右的环境中行走。在帐篷里也是，太阳直射时最高温度将近30℃，而帐篷外仍是零下二十几度。"

上个世纪初，英国第一个对南极洲提出领土要求，其要求的面积占了南极洲大陆总面积的61%，之后将其中一部分转让给同属英联邦的澳大利亚和新西兰。之后，法国、挪威、阿根廷、智利等国家也提出领土要求。带有国家领土扩张色彩的探险活动中，南极洲的土地几乎被瓜分完。

其实，南极不仅过去从未有过人，就是现在，除了短期考察的科学家们之外，能在那里居住到一年以上者，实在寥寥无几。目前来看，南极领土主权的争论还不影响登山爱好者攀登文森峰。

文话天下

1988年12月2日，王勇峰与搭档李致新成为登上南极最高峰的中国第一人，世界第18人和19人，也创造了在最短时间内攀登文森峰主峰和第二峰的世界最快纪录。而截至目前，"七大洲最高峰登顶者"至少已经有一百多人。

文森峰山势险峻，且大部分终年被冰雪覆盖，交通困难，被称为"死亡地带"。

三、世界名谷

世界是一个奇迹，当你看到那些狭长又深邃的河谷时，一定会发出这样的感慨。大自然神奇的力量造就了那些名副其实的壮观景象——相信这九个闻名世界的大峡谷会用它们的美丽为你带来惊喜之外的感动。那些鬼斧神工的岩壁和奇峰，在你足不出户便一览无遗之后，会不会有按捺不住，想要旅行的冲动呢！先去看看吧，出发之前，我们做好功课！

凡尔登大峡谷

No. 042 >>> **Fanerdengdaxiagu**

位于普罗旺斯的凡尔登大峡谷因其壮美的景色而闻名于欧洲，每年接纳上百万的游客。经过凡尔登河长年累月的冲刷作用，产生了如今雄伟宏大的崖壁。它被发现于上世纪初，之后便吸引了无数的游客。

▼ 凡尔登大峡谷美景

说到普罗旺斯，你不会只听说过薰衣草吧？其实，普罗旺斯的凡尔登大峡谷的美，一点也不逊色于那些让你做梦都想到达的薰衣草庄园。它是世界第二大峡谷，更是欧洲最美的峡谷。总长25千米，深700余米。而凡尔登峡谷最吸引人的区域是位于卡斯特兰与圣玛丽之间的一段——因为它位于蓝色海岸附近，近年来越来越受到游人的关注。这里交通相对闭塞，并不算发达，所以，如果你要来旅行，最好是自己开车来。

每年夏季都有许多人来到凡尔登大峡谷，攀岩、皮划艇，或者干脆在这里野营扎寨。凡尔登大峡谷不但有万丈的绝壁，还有潺潺的小溪，更有清澈见底的湖水，以及看不到边的连绵山峦。不需要太多的语言——如果你想要拥抱大自然，那凡尔登大峡谷一定不会让你失望。

最吸引人的区域是位于卡斯特兰与

圣玛丽之间的这一段，峡谷流经此处突然开阔，像个大喇叭口，口外偌大个湖泊，清可见底的蓝色湖水，静静地躺在群山环绕之中，形成了极大的视觉落差和缩放，对比强烈，从而显现出了很强的立体感和很完美的色彩享受。

普罗旺斯是一个充满花香，四季常春的地方，连空气中都洋溢着斑斓的色彩。凡尔登大峡谷雄伟的气势让人们不禁赞叹，碧青的流水为山间增添了生气。沿着峡谷前行，圣十字湖渐渐出现在眼前。奇山异石耸立在两岸，湖面上都是大大小小的船只，往来游客情绪高涨。

壁立千仞，山凌锐利。看峡谷，重在看一种山岩与河水的对抗所产生的力度，可是维禾冬峡谷的岩壁上长着许多绿树，这多少是对那种对抗形成一种掩饰，峡谷因此显出了几分柔媚。好在谷底的那一脉水是一种极为浓酽的翡翠绿，为这峡谷风景添了不少异彩。峡谷沿路的尽头豁然开朗，那是圣十字湖，同样的一片翡翠绿，游客众多。

在圣十字湖入口有很多当地法国船家出租船只，船只样式比较多，价格也不相同，一般可以议价。夏天度假的人除了会选择划船进入大峡谷，还会选择在这里晒太阳游泳，因为这里的沙滩与马赛的沙滩完全不同，绝对是高质量的细沙，环境绝美。更让人惊喜的是，山谷里面有很多瀑布。

▼ 每年夏季都有许多人来这里游玩

MEI LI SHI JIE XING

塔拉河峡谷

No.043 >>> **Talahexiagu**

　　塔拉河峡谷的黑松林是欧洲最后几处原始黑松林之一。覆盖山坡的森林中有珍禽异兽出没。它和杜米托尔山一起,构成了美丽的杜米托尔国家公园。位于黑山共和国西北部,面积350平方千米,1980年,杜米托尔国家公园被列为世界遗产。

　　前南斯拉夫电影《桥》是上世纪七十年代风靡一时的电影。其实这座桥在黑山境内的塔拉河峡谷上。塔拉河在黑山境内只有80多千米,有高达1300米的峡谷。塔拉河峡谷是欧洲第一大峡谷,世界第二大峡谷。塔拉河峡谷上的大桥,层林叠翠,烟波浩渺。

　　说到塔拉河峡谷,就不得不说杜米托尔国家公园——它是一座美丽绝伦的天然公园,地处杜米托尔山上。杜米托尔山是迪那里克阿尔卑斯山的最高峰,海拔约为2522米,山岭宽广浑圆,内河网发达,暗河较少。由于河流常年不断地切割,形成了欧洲最深的峡谷——塔拉河峡谷,长达61千米。国家公园占地面积350平方千米,它具有称为"三只眼"的16个冰川湖,它的山峰被冰川所分割。

　　沿塔拉河峡谷行走,可以看到欧洲最深的峡

▼ 塔拉河峡谷两侧是浓密的松林,松林中点缀着清澈的湖水。

谷，在浓密的松林中点缀着清澈的湖水，隐藏着大面积的特色植物。杜米托尔国家公园于拉什卡河谷，在新帕扎尔市较大的地区中。该地区即中世纪塞尔维亚的核心，当时，塞尔维亚烦透了拉什卡这个名字，因为它只代表整个地区。一系列的纪念物和旧式村庄表明过去的历史、精神和艺术在这个井然有序的生活中继续着。建筑物及艺术方面的无价原始艺术珍品跟塞尔维亚历史中几乎整整两个世纪的重要事件和关键人物紧密联系在一起。

　　杜米托尔国家公园里山峦起伏、风光秀丽，山石嶙峋的山坡上树木郁郁葱葱，河谷的沙砾石块间流水清澈透明。蓝天白云下秀丽的冰川湖澄碧如镜，空气清新，阳光和煦，一年四季美丽而静谧。最大的冰川湖叫黑湖，它滋润着塔拉河和皮万河。山谷内洞穴、溶洞、岩洞、峡谷比比皆是，最著名的是拉德那·佩契那冰穴，是人们理想的旅游胜地。

　　塔拉河峡谷所在的杜米托尔国家公园还是一个规模巨大的动植物保护区。这里的植物群生长茂盛，已发现约700种植物，其中的8个种类和15个豆种类是公园特有的，主要有毒鱼草、龙胆草、桔梗、红树、亚麻叶、瑞香、缬草和黄蒿。塔拉河峡谷的黑松林是欧洲最后几处原始黑松林之一，有的黑松高达50米，树龄长达400年。公园内动物资源也很丰富，山林中栖息着珍奇的稀有动物，如褐熊和细嘴松鸡；山顶上常有岩羚羊出没；塔拉河及其支流里有大量鲑科鱼类，如鳟鱼和多瑙河鲑鱼。

　　塔拉河峡谷及它所在的杜米托尔国家公园被联合国教科文组织划定为"生物圈保护区"，以唤起人们对它的爱护。

文话天下

　　朱尔杰维斯图普奥维修道院位于杜米托尔国家公园里一个小山的顶部，可以俯瞰新帕扎尔的全景。这个修道院是斯特凡涅曼扎国王捐建的。整个修道院结构很复杂，它包括：圣乔治教堂、食堂、修道士住所、水库以及四周有塔的围墙。

▷ 塔拉河峡谷上的大桥

东非大裂谷

No.044 >>> **Dongfeidaliegu**

东非大裂谷是世界大陆上最大的断裂带。当乘飞机越过浩瀚的印度洋,进入东非大陆的赤道上空时,从机窗向下俯视,地面上有一条硕大无比的"刀痕"呈现在眼前,顿时让人产生一种惊异而神奇的感觉……

东非大裂谷地形图

著名的"东非大裂谷",亦称"东非地堑"或"东非大地沟"。这条长度相当于地球周长1/6的大裂谷气势宏伟,景色壮观,是世界上最大的裂谷带,有人形象地将其称为"地球表皮上的一条大伤痕",古往今来不知迷住了多少人。

大约3000万年以前,强烈的地壳断裂运动,使得同阿拉伯古陆块相分离的大陆漂移运动而形成这个裂谷。那时候,这一地区的地壳处在大运动时期,整个区域出现抬升现象,地壳下面的地幔物质上升分流,产生巨大的张力,正是在这种张力的作用之下,地壳发生大断裂,从而形成裂谷。

东支裂谷是主裂谷,沿维多利亚湖东侧,向北经坦桑尼亚、肯尼亚中部,穿过埃塞俄比亚高原入红海,再由红海向西北方向延伸抵约旦谷地,全长近6000千米。这里的裂谷带谷底大多比较平坦,裂谷两侧是陡峭的断崖。

东非大裂谷是人类文明最古老的发源地之一,20世纪50年代末期,在东非大裂谷东支的西侧、坦桑尼亚北部的奥杜韦谷地,发现了具史前人的头骨化石。1975年,在坦桑尼亚与肯尼亚交界处的裂谷地带,发现了距今已经有 350 万年的"能人"遗骨，并在硬化的火山灰烬层中发现了一段延续 22 米的"能人"足印。这说明早在 350 万年以前，大裂谷地区已经出现能够直立行走的人，属于人类最早的成员。

在肯尼亚境内，裂谷的轮廓非常清晰，它纵贯南北，将这个国家劈为两半，恰好与横穿全国的赤道相交叉，因此，肯尼亚获得了一个十分有趣的称号——"东非十字架"。裂谷两侧，断壁悬崖，山峦起伏，犹如高耸的两垛墙，首都内罗毕就坐落在裂谷南端的东"墙"上方。登上悬崖，放眼望去，只见裂谷底部松柏叠翠、深不可测，那一座座死火山就像抛掷在沟壑中的弹丸，串串湖泊宛如闪闪发光的宝石。

东非大裂谷还是一座巨型天然蓄水池，非洲大部分湖泊都集中在这里，大大小小约有三十来个，例如阿贝湖、沙拉湖等。这些湖泊呈长条状展开，顺裂谷带连成串珠状，成为东非高原上的一大美景。裂谷带的湖泊水色湛蓝，辽阔浩荡，千变万化，不仅是旅游观光的胜地，而且湖区水量丰富，湖滨土地肥沃，植被茂盛，野生动物众多，大象、河马、非洲狮、犀牛、羚羊、狐狼、红鹤、秃鹭等都栖息在这里。

大裂谷茂密的原始森林覆盖着连绵的群峰，山坡上长满了盛开着的紫红色、淡黄色花朵的仙人滨。草原广袤，翠绿的灌木丛散落其间，野草青青，花香阵阵，草原深处的几处湖水波光闪耀，山水之间，白云飘荡。

▼ 东非大裂谷形成的生态、地理和人类文化都相当独特，目前观光的主要景点由肯尼亚进入。

甘尼逊黑峡谷

No. 045 >>> **Gannixunheixiagu**

　　每一个走近甘尼逊黑峡谷的人，都会被它磅礴的气势所震慑。它的壮观竟然是因为它的窄，峡谷壁近乎垂直，显得谷底的甘尼生河格外湍急。有了它，甘尼逊黑峡谷国家公园便应运而生。

▼　甘尼逊黑峡谷两边的岩壁都是由有着17亿年历史的深色的片岩和浅色的伟晶岩组成

　　甘尼逊黑峡谷国家公园是美国的一座国家公园，位于科罗拉多州西部，由美国国家公园管理局负责管理。原本在 1933 先被设立为国家纪念区，后来在 1999 年升格为国家公园。公园总面积有 124.44 平方千米。

　　甘尼逊黑峡谷是甘尼逊黑峡谷国家公园最主要的景点。公园分别在峡谷南缘和北缘有公路，但是两边在公园内并没有相连。开发较多及设施较好的南缘，入口在蒙特罗斯西面 15 千米。较难抵达的北缘入口在蒙特罗斯南面 11 千米，并且此区冬季常常因大雪而道路封闭，唯一可抵达的方式是徒步。

　　当地的犹特印第安人要比第一批来此的欧洲人看到甘尼逊黑峡谷要早很久。直到 1776 年美国独立后，才有两支西班牙探险队经过峡谷。1999 年 10 月 21 日成为国家公园，是美国评定为国家公园中较晚的一个。

　　甘尼逊黑峡谷国家公园以其峡谷景观而闻名，根据黑峡谷的岩石构成可以推得其形成时间应该在 17 亿年前，前寒武纪片麻岩和片岩是其主要构成物质。峡谷壁主要由深色的片岩和浅色的伟晶岩组成。根据地质学家研究，在第三纪时期此区曾有大量火山活动，也因此留下大量的火成岩，最后再由甘尼逊河日积月累的削凿出这个又窄又峻的峡谷。

虽然今日甘尼逊河上已经建造水坝，水流量大不如从前，但因为此区海拔高，降雪量又大，因此甘尼逊河的水流还是属于湍急的。往下俯瞰，这个峡谷竟像是用刀子在一块起司蛋糕上切出的曲线，只不过在真实世界里，切蛋糕的刀子是最柔软的水，而起司蛋糕却是最坚硬的结晶岩。这里的岩石色泽深暗而微泛蓝光，看得出极硬极坚。虽然被刻得这么深，岩壁却仍头角峥嵘，不肯妥协。直上直下的棱角像是用巨斧凿出来似的。

许多来甘尼逊黑峡谷国家公园游览的游客只到南缘，也许是因为南缘的路况也比较好，为柏油路；而去北缘的路则是原始路面。北缘要比南缘地势高一些，可以俯瞰两崖的景致。

当你踏上奔赴甘尼逊黑峡谷国家公园的路，便会感受到旅途中的景象所带来的兴奋。如果运气好，在这里会遇见难得的晴雨瞬间之后展露的双彩虹，瞬间感受光穿越水滴的奇妙。在峡谷的小城镇上，则展现出另一副祥和的景象，由科州森林原木砍伐、制作的大沙发摆在马路边，气势非凡。露营区旁的彩色房子像大玩具。

有好几个观景点都在崖壁尖端，突出周围，在这些点可以有很广的视野，几乎像是站在峡谷正中央俯瞰。其中有一个景点有"画壁"之名——这个悬崖有七百多米深。如果把纽约的帝国大厦搬到谷底，它的高度大概仅及悬崖的一半而已。

文话天下

在甘尼逊狭谷的岩壁上有许多花纹。一亿年前形成，融化的岩浆被挤压进这整片岩石的裂缝里，灌满了裂缝，冷却变硬之后与原来的岩石融为一体，因为质地不同才形成这些花纹。如果有机会能把岩石切成薄片，你会发现有新的花纹出现。

花岗岩、悬崖、溪流是组成甘尼逊黑峡谷国家公园的三大元素。

科罗拉多大峡谷

No. 046 >>> **Keluoladuodaxiagu**

　　科罗拉多大峡谷是一处举世闻名的自然奇观。它的形状极不规则,蜿蜒曲折,像桀骜不驯的巨蟒,匍伏于凯巴布高原之上。由于科罗拉多河穿流其中,得名科罗拉多大峡谷,它是联合国教科文组织选为受保护的天然遗产之一。

▲ 卫星拍摄的科罗拉多大峡谷全貌

▼ 任何人都不可能一眼看遍大峡谷的全貌。只有从高空俯瞰,才有可能完整地欣赏这条大地的裂缝。真正身临其境的人,只能从峡谷南缘或者北缘欣赏大峡谷的一部分。这倒是应了"不识庐山真面目,只缘身在此山中"的道理。

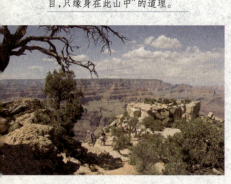

　　科罗拉多大峡谷是科罗拉多河的杰作,它发源于科罗拉多州的落基山,洪流奔泻,经犹他州、亚利桑那州,由加利福尼亚州的加利福尼亚湾入海,全长 2333 千米。"科罗拉多",在西班牙语中,意为"红河",这是由于河中夹带大量泥沙,河水常显红色,故有此名。

　　科罗拉多河的长期冲刷,不舍昼夜地向前奔流,有时开山劈道,有时让路回流,在主流与支流的上游就已刻凿出黑峡谷、峡谷地、格伦峡谷、布鲁斯峡谷等19个峡谷,而最后流经亚利桑那州多岩的凯巴布高原时,更出现惊人之笔,形成了这个大峡谷奇观,而成为这条水系所有峡谷中的"峡谷之王"。

　　科罗拉多河在谷底汹涌向前,形成两山壁立,一水中流的壮观,其雄伟的地貌,浩瀚的气魄,摄人的神态,奇突的景色,可谓世上无比。时任美国总统罗斯福来此游览时,曾感叹地说:"大峡谷使我充满了敬畏,它无可比拟,无法形容,在这辽阔的世界上,绝无仅有。"有人说,在太空唯一可用肉眼看到的自然景观就是科罗拉多大峡谷。

　　科罗拉多大峡谷谷底宽度在 200 ~ 29000 米之

间。早在 5000 年前，就有土著美洲印第安人在这里居住。大峡谷岩石是一幅地质画卷，反映了不同的地质时期，它在阳光的照耀下变幻着不同的颜色，魔幻般的色彩吸引了全世界无数旅游者的目光。由于人们从谷壁可以观察到从古生代至新生代的各个时期的地层，因而被誉为一部"活的地质教科书"。

大峡谷两岸是红色的巨岩断层，大自然用鬼斧神工的创造力镌刻得岩层嶙峋、层峦叠嶂，夹着一条深不见底的巨谷，卓显出无比的苍劲壮丽。这里的土壤看起来大都是褐色，当它沐浴在阳光中时，岩石的色彩则时而是深蓝色、时而是棕色、时而又是赤色，总是扑朔迷离而变幻无穷。阳光下的大峡谷，宛若仙境般苍茫迷幻。那绚丽的景色与磅礴的气势，是任何画家都无法描绘的美丽。

峡谷两壁及谷底气候和景观有很大不同，南壁干暖，植物稀少；北壁气候寒湿，林木苍翠。而谷底却很干燥，呈一派荒漠景观。蜿蜒于谷底的科罗拉多河曲折幽深，部分地段河水激流奔腾。因为如此，沿峡谷航行漂流成为引人入胜的探险活动。

亿万年来，奔腾的科罗拉多河从美国西部亚利桑那洲北部的堪帕布高原中，切割出这令人震撼的奇迹——科罗拉多大峡谷，只要登高远望，就可以清楚看到坦如桌面的高原上的一道大裂痕，那就是科罗拉多河在这片洪荒大地上的印记。

文话天下

2002 年，权威的美国《国家地理》杂志进行了一次评选：在美国最刺激、最富有挑战性的100项探险活动中，沿科罗拉多河乘橡皮筏全程漂流大峡谷名列榜首。惊险刺激的挑战致使无数人以领略这个需要排队等候18年才能享受的项目为荣耀！

▼ 科罗拉多大峡谷

布赖斯峡谷

No.047 >>> **Bulaisixiagu**

　　布赖斯峡谷位于美国犹他州南部，科罗拉多河北岸，是以拥有形态怪异、颜色鲜艳的岩石而闻名的游览胜地，峡谷内有 14 条深达 300 米的山谷，岩石受风霜雨雪侵蚀而呈现出各种丰富的颜色，加上色彩变幻，使岩石的色泽溢金流彩。

　　布赖斯峡谷的名字取自 1875 年在这个地区定居的苏格兰拓荒者埃比尼泽·布赖斯。它位于美国犹他州帕绍甘梯高原的东端，犹他州南部，科罗拉多河北岸，它实际上并不是由河流切蚀而形成的峡谷，而是嶙峋的、呈半圆形的高原之端。1875 年，埃比尼泽·布赖斯在该峡谷底部建立了一个牧场。当时这里环境恶劣，生活艰难，他称这里是"一个养不活一头牛的地狱"。1924 年，布赖斯峡谷荣升为美国国家公园。

　　约 6000 万年以前，该地区淹没在水里，有一层由淤

▼ 布赖斯峡谷国家公园的岩柱

泥、沙砾和石灰组成的 600 米厚的沉积物。后来地壳运动使地面抬升。水逐渐排去，庞大的岩床在上升过程中裂成块状。岩层经风化后被刻蚀成奇形怪石，岩石所含的金属成分给一座座岩塔添上了奇异的色彩。

布赖斯峡谷是大型岩石台地的扇形边缘，而非真正的峡谷。它是犹他州西南部的庞沙冈特高原遭受侵蚀而形成的一系列大型圆形凹地。在很大程度上，布赖斯所处的地层看起来就像一片被啃过一面的面包。粉红色的峭壁受到侵蚀形成了十几个巨大的岩洞，从而构成了高原的东部边缘。

说到布赖斯峡谷，就一定要为你展示以它为名的布赖斯峡谷国家公园。这里的景色非常奇特，这个地方就像有人曾经用凿子把这里的土方挖了出来，然后又填以橙色和红色的柱基。这些被称作天然怪岩柱的石塔延绵不绝，形态各异，它们的外形或像城堡，或像桥梁，或像塔楼，或像总统，或像首相，有的甚至像维多利亚女王。

在布赖斯峡谷国家公园，不管去往哪个方向都可以看到奇妙的景色。在东面，可以看到一大片台地和山丘，北面是宝瓶星座高原，而南面是被形象地称作莫利乳头的峰顶。

很多人选择在冬天游览这里，这个时候的布赖斯峡谷简直就是一处仙境，人们在这里尽情玩乐。成千上万红色和橙色的岩柱呈现出奇特的形状，其上覆盖着白色。在得到允许的情况下，雪鞋旅行者和越野滑雪者可以在仙境环路、连接着多条布赖斯短道的缘底小路和瑞格斯春路沿线的指定冬季营地露宿。越野滑雪者可以穿梭于熊果树、矮松和美国黄松之间，沿着峡谷边缘行进。

然而，不管是哪个季节，最令人向往的还是布赖斯峡谷的各式各样的小路，包括深深陷入石塔的瑞格斯春路以及摄影师经常拍摄花旗松的华尔街路，华尔街路从陡峭的峡谷底部向上延伸，像塔一般直上青云。

布赖斯峡谷里的岩石雕刻，意味着在数千年前这里已有人居住，但现代人对其所知甚少。

格兰峡谷

MEI LI SHI JIE XING

No.048 >>> **Gelanxiagu**

　　格兰峡谷位于举世闻名的科罗拉多大峡谷上游,是科罗拉多河的又一惊世杰作。峡谷好像被大自然之妙手涂画过,露出水面的石崖是白色的,靠近顶端的一截是褚红色的,而湖水则是湛蓝的,红白蓝强烈对比,给人以无穷的享受。

　　格兰峡谷中,最著名的就是羚羊谷了,它是世界地质十大奇迹之一,从这里可以看到有巨大澎湃的山洪涌出。很多人都说这里是摄影师的天堂,因为有罕见的多变的光线。峡谷位于印第安人保护区,自然的奇幻美景是游客们的"地下天堂",但需要印第安导游带领入内。这不仅仅是为了自然和人文保护的需要,更是为了游客的人身安全。就算是峡谷上方阳光灿烂,但是如果一场暴雨突然降临,这狭窄的"天堂"瞬间就可能变成一处急流奔腾、绝无逃生可能的"地狱"。羚羊峡谷如同其他狭缝型峡谷般,是柔软的砂岩经过百万年的各种侵蚀力所形成。主要是暴洪的侵蚀,其次则是风蚀。该地在季风

▼ 格兰峡谷马蹄湾

节里常出现暴洪流入峡谷中，由于突然暴增的雨量，造成暴洪的流速相当快，加上狭窄通道将河道缩小，因此，垂直侵蚀力也相对变大，形成了羚羊峡谷底部的走廊，以及谷壁上坚硬光滑、如同流水般的边缘。

格兰峡谷大坝是美国第二大高坝，它宛如一个塞子深深地插入河床和峡谷两壁的砂岩中，又如一块挡板，阻挡了科罗拉多河。坝的前方有一座大桥，横跨格兰峡谷。峡谷底，科罗拉多河从坝底深处缓缓流出，温驯而平静，先前金色的河水，而今却像冰河之水寒冷、清澈、幽绿。

格兰峡谷大坝拦截科罗拉多河上游建成的水库，即大坝北面的鲍威尔湖，它们是为纪念美国第一个漂流此河并建议开发水利的先驱而命名的，面积是米德湖的两倍多，有各种红色砂岩、石拱、峡谷和万面碧波，其风景远胜米德湖，成为格兰峡谷中又一番美丽景色。虽说它是湖，看上去更像一条裂缝在棕褐色土地上蔓延，像是岁月留给地球的疤痕。因为是侵蚀地貌，湖两岸弯弯曲曲，拥有长达 1960 千米的湖岸线，比美西部整个太平洋沿岸的海岸线还要长。

鲍威尔湖、羚羊谷、马蹄湾、科罗拉多河、格兰大坝、纪念碑谷……环绕在格兰峡谷周围的美景太多太多了。马蹄湾惊魂夺魄，又让人屏息静气的伟岸让身处其中的人都能领略到来自大自然神奇的感动。1000 米直下的悬崖下，绿色的科罗拉多河围绕着红色的马蹄状岩石，蜿蜒流淌出 270°的转角，平静而威严。站在悬崖边俯瞰 300 米下的科罗拉多河，如此的壮丽，是不可多得的美丽。只有站到悬崖边上，马蹄湾的全貌才会赫然在目。大峡谷是壮丽的，但马蹄湾也一定会带给你震撼。伫立崖边，凝视谷底，你会感受到大自然的伟大和人类的渺小。

格兰峡谷大坝

死 谷
No.049 >>> Sigu

死谷位于美国加利福尼亚州，是北美大陆最低、最热和最干燥的一部分，在广袤的沙漠中。1849年曾有一队寻找金矿的人迷入谷底，差点丧命，从此"死谷"得名。其地质发展极端复杂并涉及到多个时期不同形态的断层活动，还有地壳沉降和一些火山活动。

死谷构造上属断层地沟，低于海平面的面积达1425平方千米。最低点低于海平面86米，是西半球陆地最低点。谷地夏季气候炎热，绝对最高气温曾达56.7℃，地面热得可煎鸡蛋，年降水量不足50毫米，可见干旱至极。东西两壁断层崖，分别构成阿马戈萨和帕纳明特山脉。登上帕纳明特山脉中的特利斯科普山，可俯瞰死谷全貌。

由于死谷海拔很低，所以气候非常炎热，夏天不适合参观，每年只有深秋至初春这段时间比较适合游玩。

死谷分布有硼砂、铜、金、银、铝等珍贵矿藏，尽管早期曾是拓荒移民出行的一个障碍，但后来成为硼砂开采中心。该地独特的环境现在吸引了大批游客和科学家。

死谷基本上是一个地堑，或是裂谷。在第三纪中期发生一种称为块断层的垂直的断层运动，造成现在的

死谷。地壳断块沉降时构成死谷的大片盆状洼地，其他断块升起逐渐形成附近的山脉。随着死谷的沉降，谷底堆积了许多从周围高地侵蚀下来的沉积物。如今，谷底仍持续在偏斜和沉降。

第四纪冰期后，谷底曾有一个很大的湖泊，后因气候干旱，逐渐干涸而成沙漠。当湖水蒸发完，在该湖最低处留下了一层盐，形成了我们如今所看到的盐盆，现在当水往沙漠里流时，水便蒸发掉，再没有水淌出来。于是，死谷便形成了自己独特的美丽景色，其岩石中的矿物质在阳光下像彩虹一般闪烁。

尽管缺水使死谷成为一个荒漠，但绝不是没有生物存在。在浅盐湖里只有用显微镜才能观察到的植物，但是耐盐分的盐浸草、盐草和灯心草生长在浅盐湖边缘的泉水和沼泽周围。引进的柽柳在一些泉水周围及弗尼斯克里克的栖息地提供了蔽荫处，但由于柽柳抑制了当地植被生长，所以正在进行根除工作。仙人掌在死谷海拔最低的地方极为罕见，在扇状地形的更北处生长茂盛。海拔较高的地方长有桧属植物和矮松。春雨过后会有许多种荒漠野花盛开。

死谷中动物种类繁多，但通常喜欢夜行，所以你很难找到它们。该地区最大的土生哺乳动物是沙漠大角羊，也许是研究最透彻的动物群成员。在死谷周围的山岭中经常能见到小群的大角羊，但它们偶尔也来到谷底。上世纪80年代，曾对死谷做过生物调查，显示那里有78种鸟类，而现在，至少是三倍之多。走鹃、蜥蜴、响尾蛇和蝎子是死谷常见的动物。

1993年，死谷荣升为死谷国家公园。现在的国家公园面积比最初建设时已经大了很多，曾经的国家野生动物保护地的德弗尔斯水湾也被划入，成为美国48州中最大的国家公园。

文话天下

在美国十几个国家公园中，死谷国家公园并不是游客最多的，可是死谷却占着好几个"最"。它是美国大陆上所有国家公园中面积最大的，占地面积约1.36万平方千米；它是全球最热的地方；同时，北美洲海拔最低点就在这里，在公园内一个叫"恶水"的地方。

在干盐湖地面上，许多石头可以自行滑动，留下数百米长的滑动痕迹，又为"死亡谷"增添了一份神秘的色彩。

科尔卡大峡谷

No. 050 >>> **Keerkadaxiagu**

科尔卡大峡谷是世界排名第二的峡谷,四周有终年积雪的高山和安第斯山高原,高原上有安第斯人的村落。每年四月至十月,在雪山做背景的科尔卡大峡谷里便可以看到野生山鹰在飞翔——这些山鹰,已经成为世界各地的旅行爱好者前往那里的原动力之一。

▼ 科尔卡大峡谷的深度是美国科罗拉多大峡谷的两倍

科尔卡大峡谷是一个横穿安第斯山的峡谷,四周是安第斯山高原和雪山,看起来像是该山脉被一把大刀斩断了。峡谷全长 90 千米,深 3400 米。到科尔卡大峡谷要穿过两个自然保护区,美丽的旷野生活着南美驼羊和多种安第斯山动物。时常被云笼罩的白雪皑皑的山峰,屹立于 3200 米的谷底之上。雨季时水流汹涌浑浊的科尔卡河蜿蜒于沿谷底散布的死火山间。

在科尔卡峡谷上的山脉间有一条 64 千米长的山谷,林立着 86 座锥形火山,其中有些约有 300 米高。它们有的从原野上隆起,有的位于山麓周围,是已固化的黑色熔岩。在一些火山锥上长出了仙人掌和粗茎凤梨属植物。科尔卡大峡谷陡坡在此处下降 3000 米,直到科尔卡河流过的谷底。

在峡谷里,早晚温度约 12℃,但中午可达到 25℃,每天的气温变化很大。这里生长着二十多种仙人掌和 170 种飞禽,尤其是峡谷里生活着以山为家的山鹰,当山鹰展开双翅飞翔的时候,它的身长会达到三米左右,被认为是世界上最大的飞禽。

在科尔卡大峡谷的天空上盘旋的山鹰

那里还有一处专门观看山鹰飞翔的最好的地方，该地方被命名为山鹰十字架。但是在蓝天雪山那样广阔的背景之下，山鹰却显得渺小起来。它是印加文化里传说的神鹰，故而又有"印加神鹰"的美誉。山鹰的飞翔是无声的，享誉世界的秘鲁民歌《山鹰之歌》，已经被评为世界遗产了。从这里可以看到峡谷周围火山的顶峰，可以看到冰川融化，顺延而下的水怎样汇聚成亚马孙河。在峡谷的乡镇里可以看到殖民式的房屋和享受这里的传统节日。科尔卡的特色是它的手工艺品：彩色的边缘绣花，白铁制成的物件，蜡烛和雕刻的木。

在科尔卡大峡谷周围的火山谷和太平洋之间有一条热沙沟，名叫托罗·穆埃尔托，里面堆积着白色砾石。火山谷中的萨兰卡雅火山每天喷出火山灰和蒸汽。在托罗·穆埃尔托沙沟中散布着成千上万的白砾石，上面刻有代表太阳的圆盘形物体、各种几何形状、蛇、美洲驼以及戴着奇形头盔。

如此美不胜收的景色，成为无数人为之向往的旅行胜地。

科尔卡大峡谷，一处美丽的深渊，一个令人无法解释的自然之谜！或许正是这份神秘使它在世人眼中变得更加神奇、更加妖娆。

四、山涧幽谷

布莱德河峡谷的壮丽，波浪谷岩石的复杂，还有羚羊峡谷的险要……这些，仅仅是下面 11 个山涧幽谷的小小一角。它们中的每一个都是卓尔不群的胜景，每走一处，都有流连忘返的惊叹。那些被群山环绕的河谷，如同深巷之中的美酒，以挡也挡不住的魅力，吸引着世界各地的人们，在领略自然风光之余，享受的是大自然的奇迹所带给我们的启发。

黑部峡谷

No.051 >>>> **Heibuxiagu**

位于富山县东部的黑部峡谷是夹在立山连峰和后立山连峰之间的日本最深的 V 字形峡谷。乘坐黑部峡谷铁路缓慢行驶的电车可以欣赏从宇奈月温泉车站到榉平车站之间的峡谷美景。这里随处可见的温泉,成为它闻名于世的原因。

▼ 从高空拍摄的黑部峡谷

黑部峡谷位于中部山岳国立公园里。和清津溪谷、大杉谷同为日本三大溪谷及日本秘境百选之一,已指定为国家特别天然保护区及特别名胜。立山连峰和黑部峡谷连成的阿尔卑斯山脉线路,是国际级的山岳观光线,沿着富山和长野之间的中部山岳国家公园主脉而行。中部山岳国家公园的群山几乎全是高海拔的连峰,构成日本北阿尔卑斯山脉的屋脊。

在黑部峡谷,所有的人都会被它那线条清晰、锐角锋利的巨大的 V 字所震撼。在它的面前,就好像苍天也被切割成了 V 字形,原本高耸入云的山被斩首破腹了一般。郁郁葱葱的灌木树丛和岩石绝壁相得益彰,和飞流直下的黑部川构成特有的峡谷景观。

峡谷沿线分布着为宇奈月温泉提供热泉的黑剃温泉、钟钓温泉、名剑温泉等温泉,可以中途下车享受温泉浴。在这里的黑部川河滩的任何一个地方都可挖出温泉,就地可挖造一个自己专用的临时温泉。

在未作为旅游景点开发以前,登立山并

非人皆可行。到了近代，也有登山家把它作为北阿尔卑斯的主峰而光顾的，但是，对于一般国民来讲，它蒙着一层神秘的面纱。自从开放以来，这个深山幽谷变成了综合性的川岳观光线，成为每年观光客达一千万人次的国际级的观光地。

被立山连锁环绕的黑部峡谷，由于气候多雨雪及地势险峻等自然条件，使得大自然保存完好，近乎原始。因此，黑部河水丰富落差很大，是兴建水利发电站最佳之处。在黑部源流与日本阿尔卑斯山雄伟的大自然融合，创造出美丽的景观。黑部川上游的黑部水库，是日本最高的拱形水库，在水库展望放水气势宏壮，百看不厌。

黑部峡谷的腹地，有一架在令人胆战心惊的深邃山谷中的铁桥，那似乎时刻警告过往人们不要靠近断崖绝壁，还有那闪烁着宝石绿光的清冽的涓涓河流，无时无刻不在刺激着游客的视觉、听觉、嗅觉、味觉、触觉，那种感官的深度感受，是用任何语言都无法描述和达到的极致享受。

在自古以来就作为山岳信仰修行名地的立山，最大的火山湖和夏季也不化雪的溪谷，从春天的新绿到秋季的红叶，一年中前来欣赏四季景观的登山者络绎不绝。高山道路沿途还有许多景点，如一块巨岩构成的恶城壁以及日本之最的瀑布和盛夏时期仍涌冒着2℃~5℃泉水的室堂等，均让游客称赞不已。

文话天下

如果想登山，选择最多的起点站是宇奈月。之所以从那里开始，是因为宇奈月本身就十分有吸引力，不但景色美丽，沿途的温泉更是吸引着游客。宇奈月是富山县最大的温泉乡，宇奈月温泉以可容纳4000人而闻名。

▼ 黑部峡谷原始的美景每年都会吸引大量游客前来旅游

尼安德特河谷

No. 052 >>> **Niandetehegu**

尼安德特河谷是杜塞尔河的一段河谷，位于德国梅特曼市附近，杜塞尔多夫市以东约 10 千米。为了纪念一位在当地生活过的作曲家、牧师约阿希姆·尼安德特，所以命名为尼安德特河谷。1856 年，人们在当地发现了古人类化石，并将由此发现的古人类命名为尼安德特人。

小河潺潺流过美丽的尼安德特河谷，河两岸长满了树木。尼安德特河谷自然保护区不仅包含杜塞尔河的河谷本身，还包扩周围约 4 平方千米的广大地域，景色优美，是人们旅游或远足的绝佳去处。19 世纪中期，人们在这里发现了原始人的遗骨，由于发现地在尼安德特河谷，所以这类原始人就被命名为尼安德特人。

原始人的发现成了这个河谷的象征。从上世纪 20 年代以来，这里就一直是自然保护区。尼安德特博物馆展示的是这个河谷的历史，尼安德特人和现代人的发展史。150 年前，尼安德特河谷的样子是跟今天完全不同的。这个河谷原先是一个长约 1 千米，宽 50 米的石灰岩峡谷，小河杜塞尔河在这里面蜿蜒而过，瀑布、突出的岩壁和众多

尼安德特博物馆

山洞构成这个河谷的景观。当时的人把这里描述成一个拥有丰富物种的动植物世界。

在博物馆入口处，一个尼安德特人欢迎着来访者。尼安德特人身上没有又厚又密的毛，看起来就跟今天的我们的皮肤一样。为了保护自己，他们用兽皮制作了衣服。如果这么一个原始人洗浴、理发后，穿着套装走在街上，人们一定会把他当成一个普通的现代人，他们完全可以跟我们现代人一样。

尼安德特河谷激发了杜塞尔多夫画家流派、19世纪浪漫主义艺术团体众多画家的灵感。画家们把那些巨大的石灰岩、峡谷迷人之处、小瀑布和山洞留在了他们的画作里。远处的自然喧哗声让今天的人们还能感受到当时这个山谷的氛围。

尼安德特人

距离博物馆仅几百米处就是当初发现原始人遗骨的地方。在发现的时代，这里还有石灰岩高耸入云。杜塞尔河在石灰岩里冲出一个湾，在这个湾的上方几米处就是那个发现尼安德特人遗骨的岩洞。今天，石灰岩已经完全消失了。为了让人们能够感受到当初这个发现地的景象，人们在这里堆了个土丘，以显示当时河岸的大概模样，人们用插入地里的红白双色的金属棒围着发现地的位置。

对喜欢野生动物的人来说，尼安德特河谷的石器时代野生动物园是再好不过的地方了。这个野生动物园就紧挨着尼安德特博物馆。在面积广大的围栏里生活着欧洲野牛和新培育出来的原牛、野马。这是些几百年前在欧洲就已经灭绝了的野生动物，通过原始动物种类的混交可以培育出一些跟它们的祖先非常相似的动物来。

文话天下

尼安德特人约在2.5万年前灭绝。科学家们估计是因为日益增强的寒冷使他们无法承受。尼安德特人的生育繁殖能力比人类差，这是一个不利于生存的劣势所在。

塔尔恩峡谷

No. 053 >>> **Taerenxiagu**

　　塔尔恩峡谷是塔尔恩河在勒罗奇耶和圣埃尼米之间的称呼,位于塔尔恩河上游,全长35千米,约占塔尔恩河总长度的1/3。峡谷边上有一条旅游公路,上面有许多观景点。峡谷深400～500米,谷内部分地区是自然保护区。

塔尔恩峡谷是由塔尔恩河冲洗出来的,塔尔恩河在这里穿过由多层石灰岩和泥灰岩组成的塞文山脉。塔尔恩峡谷有非常狭窄和陡峭的地方,也有很宽的谷地,同时在地下也有冲出来的山洞。在险要的地方建造了一些城堡,但其中一些已经是废墟了。

　　圣埃尼米村位于塔尔恩峡谷口,被称为法国最美丽的村庄之一。至今,圣埃尼米村保留着杰出的中世纪建筑,据当地的村民说,古镇的名字来源于一个名叫圣埃尼米的墨洛温王朝公主,充满"神奇力量"的布尔勒水源治好了公主的麻风病,所以终生居住在此。建于14世纪的修道院经历了岁月的洗炼,其教务会大堂和圣·马德莱讷礼拜堂被保留至今。在村中,到处都是中世纪的房屋以及文艺复兴时期流行的窗户。

▼ 塔尔恩峡谷多彩多姿的自然景观

一座建于 12 世纪的古罗马式教堂矗立在村中，教堂中有很多美丽的雕像。狭窄的石子路和拱门通道都十分有特色。沿着一条陡峭的小路可以到达一座隐修院。

芒德是塔尔恩峡谷沿途中另一处独特的美景，位于山峦与石灰岩高原之间，芒德占据了塔恩峡谷和塞文山脉的中心地带，它地处中央高原南部的芒德石灰岩高原，纺织和啤酒制造业非常著名。城市的发展以十四世纪建成的圣彼埃尔教堂为中心，同时，旅游业很发达。从高地俯视城市，城市中心是由教皇尤尔坂五世发起并建于 1369 年的哥特式大教堂，而城市就围绕着大教堂铺展开来。大教堂象征着主教的权势，也解读着这座朝圣城市的起源：以圣·普里瓦墓地为中心逐渐壮大发展起来。不同于大都市，也不同于小城镇，芒德具有其独特的城市定位，游客们可以在这里找到城市与乡村之间的最佳平衡点。

当地的农牧系统与自然环境，在此得到了和谐共生。洛泽尔山就位于景观区内，它是法国最后几个还在实行夏季游牧的地区之一。每到夏时，牧羊人赶着羊群在山路上行走，是这里最独特的风景。景区内还留存有一些古老的村庄以及喀斯梯田上坚固的石头农舍，它们是 11 世纪大修道院组织形式最后的佐证。

在这里，你还能见到一间别致的旅馆，是栋很有历史的木造建筑，有着浓密的绿荫以及很美的河边风光。古典气息的大厅，简单的壁纸、以及柔软的地毯，古色古香地让这间旅馆有着神奇的气氛，无不彰显着塔尔恩峡谷随处可见的中世纪风格。

塔尔恩峡谷入口的圣埃尼米村风景

帕特纳赫谷

No. 054 >>> Patenahegu

　　帕特纳赫谷长 702 米,深 80 米,是由帕特纳赫河在岩石中刻划出来的,它在 1912 年被设立为天然纪念物。从 1912 年开始,帕特纳赫谷被旅游业开发,终年可以进入,只有在春季化雪的时候才会短期关闭。

　　大约 2.4 亿年前,在三叠纪中期,今天的帕特纳赫谷还是一个浅海的海底,在这里逐渐沉淀下深灰色的、比较硬的壳灰岩层。今天在这个岩层里依然经常会发现当时海底动物的爬行痕迹,这层泥灰岩层被称为"帕特纳赫层"。

　　后来,这些岩层在阿尔卑斯山脉折叠造山过程中被抬高。源于楚格峰上的冰川的帕特纳赫河很快就把软岩层风化掉了,并逐渐削入硬的壳灰岩层里。因此,在当地的阿尔卑斯山脉硬岩层里形成了帕特纳赫谷这样的峡谷,而在软岩层里则形成了比较宽的河谷。

　　帕特纳赫谷是阿尔卑斯山地区最美的山谷之一,它为每一个人都准备了一场特殊的大自然演出,夏天如此,冬天就更好了。在洛伊萨赫河坐橡皮艇或划艇旅游,会给我们带来一种体验冒险和刺激的感觉。

　　而在离帕特纳赫谷不远处,便是加尔米施—帕滕基兴。这里是 1936 年冬季奥林匹克运动会的举办地。始建于 1936 年的奥林匹克冰上运动中心被认为是在欧洲的同类产品中最大、最现代化的运动场之一。加尔米施—帕滕基兴背靠德国巍峨的最高峰楚格峰,西面 10 千米是清秀的高山湖艾泊湖,东面 10 千米还有一处湖泊。因此,

　　❤ 身处那深 80 米的帕特纳赫谷底部,不能不感叹大自然的神奇,眼前所见到的帕特纳赫河在这里奔腾了上亿年,连那么坚固的岩石都被刻下了如此深的缝隙。

冬季帕特纳赫谷结冰的瀑布及冰柱

加尔米施—帕滕基兴是今天德国南部一座风景迷人、风俗浓郁的小城市，游客似乎比别的小城多一些，但绝没有大都市中的喧闹和熙攘。这里是从德国一侧攀登楚格峰的必经之地。

德国最高峰楚格峰看起来就快要碰到天空和星星了，峰顶竖立着十字架的地方是德国最高处，几乎在德国的边境，与奥地利交界的边境线就从楚格峰经过。在这样一个独一无二的全景风光中，除了雄伟的群山，还有迷人的山谷、纯净的湖泊和自然保护区。

但是，不一定非是天生的登山者，才能考察这个真正独特的顶峰世界。乘坐上山火车和缆车，游人不必费什么力气就能上来。晶莹剔透、波光粼粼、深蓝色的艾布湖深藏在近一千米高处的度假区中，称得上是韦尔登费尔斯景区的珍宝，它是一次巨大的山崩形成的。湖的上方有一个通往楚格峰的大过山缆车的山谷站。

加尔米施—帕滕基兴城中还建有很多乡村旅店和度假公寓，步行街也显得很有特色，店铺的外墙立面饰有精致的"吕夫特尔"壁画。这个阿尔卑斯山区的小城是那么宁静纯美，无意中走进任何一条大街小巷，都会被悠闲安逸的气氛所感染。小城的魅力不仅仅在于外部的装饰，而是那里的人们对生活信念执著的追求，和对人生意义独特的诠释。

文话天下

楚格峰平原是德国唯一有冰河的地方，不论冬夏，终年积雪。这里景区的餐馆更能给你提供最佳的服务。每年十一月至来年五月，你可以在德国最高的滑雪场去感受滑雪的乐趣，场地宽阔多样，绝对是意想不到的绝妙体验。

帕特纳赫谷在两亿多年前曾是"海底"，所以这里的很多大石头上都有一层层累积起来的痕迹。

萨马利亚峡谷

No.055 >>> **Samaliyaxiagu**

　　萨马利亚峡谷是克里特岛最鬼斧神工的自然美景,它是希腊境内,也是全欧洲最长的峡谷地形,到克里特岛西部旅行,很少人会错过这趟有益健康的自然景观旅程。1962年,萨马利亚峡谷被希腊列为自然国家公园。

　　萨马利亚峡谷一直延伸至比亚海,拔地而起的山峦形成的山谷最宽处达150千米,最窄的两峰之间甚至只有1米的距离,景观壮丽。沿路崎岖,河床多石。有人反着走萨马利亚峡谷,由于是一直在爬坡,所以更累,更具挑战性。

　　即使是六月的夏季,高山上的空气还是很冷。进入峡谷公园,扶木梯依山而建,非常陡峭。萨马利亚峡谷有野生动物及各种植物、花朵,山羊则是萨马利亚峡谷的代表动物,但如果你到了当地,就会发现很难遇到山羊,因为它们都躲进深谷里去了,避开喧嚣游人。

　　如果要去萨马利亚峡谷旅行,需要清晨搭上从哈尼亚开往欧马罗的巴士,约经一个半小时可抵萨马利亚

　　初夏时节,萨马利亚峡谷里的鲜花开得最为灿烂,是旅游高峰期。

之旅的起点。进入峡谷公园，扶木梯蜿蜒依山而建，非常陡峭，沿路得注意落石。二十分钟后可到达第一处休息点，喝口冰凉的山泉解解渴，经过下坡路段的第二处休息处，已可听到溪水声。来到相当宽广、宛如一座山谷的河床，满地大大小小的石头。经过石桥抵达已成废墟的旧萨马利亚村，树荫下有数张野餐桌椅，是来往游客用餐的好地方。再往前走，便进入萨马利亚峡谷最戏剧化最精彩的景观。

白山山脉山峰间和佛利卡斯山之间形成的萨马利亚峡谷，游客沿着河床向前走，可以发现12千米处的峡谷最窄，只有3米宽，称为"铁峡谷"，此处河水湍急，是全程的焦点。从峡谷仰望层层堆积，经过上千甚至万年的岩层巨石的山峰，一定会感动于它的那份雄伟壮丽。

当出了南口，渐渐会感受到强烈的海洋气息，因为峡谷的出海口——阿吉亚·努美利就在眼前。不要因为艳阳高照就躲在海边餐厅纳凉，跳下海，享受清凉的地中海水浴，或是在沙滩打个小盹，做个日光浴，完成一趟名符其实"上山下海"之旅。

在萨马利亚峡谷所在的克里特岛是希腊最大的岛屿。克里特岛不但是爱琴海最大的岛屿，也是整个地中海第五大岛屿，面积8305平方千米，东西长260千米、南北50千米，岛上有三座山超过2000米。在地中海中，爱琴海之南。克里特岛是爱琴海最南面的皇冠，它是诸多希腊神话的源地，过去是希腊文化、西洋文明的摇篮，现在则是美景难以形容的度假地，在历史和未来发展间，它似乎未尝断过在历史上的角色，永远是爱琴海上最璀璨的主角。

克里特岛林木茂密，东部平原适于农耕，农业以种植谷物、橄榄、葡萄为主，粮食而外，橄榄油和葡萄酒也是出产的大宗，油橄榄树中的最名贵的品种就产于此地，堪称"贵族中的国王"，对生长环境有着苛刻要求。

> **文话天下**
>
> 克里特岛无人？至今为止尚没有证据证明在旧石器时代或者中石器时代克里特有人类居住的迹象。大象、鹿、野山羊等其他动物化石的发现证明它们在克里特出现的时间要比人类早。目前只在克诺索斯的居住地发现一些新石器早期的东西。

▼ 到克里特岛旅行的人很少会放弃徒步征服萨马利亚峡谷的机会

布莱德河峡谷

No. 056 >>> **Bulaidehexiagu**

　　布莱德河峡谷无疑是南非最壮丽的景色之一，长 30 千米、平均深度 800 米的巨型蜿蜒凹槽是布莱德河切穿德拉肯斯堡山的陡坡而形成的世界奇景。在这里可以享受到只有南非才有的那种和谐景观。

　　在位于克鲁格国家公园西边的布莱德河峡谷自然保护区，看到布莱德河与 1000 米高的大峡谷交织在一起的壮观景色，任何人都会为此感慨。意为"欢乐的河流"的布莱德河，是帕诺拉马路线的核心所在。布莱德水库和三个圆形茅屋形状的奇石，还有瀑布、奇妙的风景、上帝的窗户、岩石的塔等景色。

　　在布莱德河峡谷中，河流与岩石以亿万年时间共同合作的杰出作品永远是如此震撼人心，但布莱德峡谷又多了一分韵味，那是大多数磅礴刚烈的峡谷中所没有的。布莱德峡谷是世界第三大峡谷，虽没有美国大峡谷的非凡壮阔、也没有纳米比亚的鱼河峡谷般炫丽，但不同浓度的绿

▼ 高耸的悬崖，奔腾的激流，这就是世界上最大的丛林峡谷——布莱德河峡谷。

色盖在侵蚀过的地层上，使其散发着无穷的生命力。

据当地人说，在每年五月时，满谷的艳红枫叶更是美如仙境。布莱德峡谷是由布莱德河、特勒河与奥瑞斯塔河汇流后水量激增而侵蚀地表石英岩的结果，在我们眼底是一条环抱着对面山谷的宝蓝色水量丰沛的河流，树木灌丛、各色的花朵都靠它照顾，甚至是布莱德峡谷自然保护区中的所有野生动物都依赖它而活。

伯克幸运壶是这里最重要的景点之一，位于布莱德河与特勒河交汇的地方。据说从桥上向瀑布的漩涡里投掷硬币，许下的愿望都能实现。

在南非得天独厚的自然景观中，大部分的土地是由高原所覆盖，分成三个级地：高草原、中草原及沿海狭长地带。高原的最高部分在东北的龙山山脉，一直延伸到夸祖鲁纳塔省附近，海拔达到 3500 米以上，山间处处可见断崖、绝壁、峡谷、岩洞等，是南非地理及地质学上的一大奇观。

上帝之窗是指保护区南端位于陡坡边的一个眺望点，当天气晴朗时，从这里可以俯视 1000 米以下的景物，你会明白什么是人间仙境。不远处还有一座峰顶岩，岩柱是由巨大的花岗石组成，从布满蕨类植物的深谷中升起，俨然有一柱擎天之势，十分壮丽。

布莱德河峡谷是由于河流冲刷龙山山脉，切穿陡坡而自然天成，而峡谷最清楚的目标，是三座圆锥巨岩排列组成的状似圆形茅草屋，由对岸遥看，俨然像三姐妹矗立——那是非洲的标志，很壮观。布莱德河在山区刻画出一道深邃的峡谷，河谷上方有许多观景台。峡谷绵延我八百多米，其间瀑布、奇石景观特殊，千年滴水穿石的奇特景观，不得不赞叹大自然的鬼斧神工。

文话天下

布莱德河峡谷是世界第三大峡谷。有趣的是，布莱德河与特勒河交汇的地方，水的侵蚀形成了一种惊人的地质现象。伯克幸运壶的形成已有数千年历史，向下看去就犹如圆柱雕塑雕刻出来正在旋转的水一样。

布莱德河峡谷是唯一一个被绿色植物环抱的峡谷

波浪谷

No. 057 >>> **Bolanggu**

　　波浪谷是美国亚利桑那州北部朱红悬崖的帕利亚峡谷，其砂岩上的纹路像波浪一样，所以这片地方叫作"The Wave"，即波浪，是一个由五彩缤纷的奇石组成的风景区。它所展示的，是由数百万年的风、水和时间雕琢砂岩而成的奇妙世界。

波浪谷岩石的复杂层面，是由1.5亿年前侏罗纪时就开始沉积的巨大沙丘组成。在那个时候，这里不是世界遗产，不是世界地质公园，没有列入国家公园体系，波浪谷隶属于土地管理局，连我们常说的旅游景区都算不上，它只是众多自然保护区中的一个。人们给它起的名字听起来也很俗很没趣，可是，波浪谷确实很适合它。当波浪谷被几位美国摄影师无意中发现后的很长时间，波浪谷都是他们摄影作品的主角，可见这处人间绝境的美丽。红色主要是由铁和锰的氧化而产生，这些颜色不是一成不变的，往往在交错

▼ 来到波浪谷，你会被大自然的鬼斧神工震惊得几乎无法呼吸。

处和角落里形成更加复杂与抽象的图案。

按照美国政府的规定，前往波浪谷是需要申请门票的，目的是保护这种稀缺性的地球资源，不让它们成为挥霍的玩具，而要留给千秋万代。因为，自从波浪谷被发现后，世界各地的旅游爱好者纷纷前来观光。于是，在地质学家和环境保护专家的意见指导下，一个近乎于孤本的简单规定，在人们敬慕的目光里颁布出来——波浪谷每天只能发放 20 张进入许可证，其中 10 张为现场申请，10 张为网上申请。

波浪谷岩壁上的波浪纹

"站在红色的波浪上，被这大自然的鬼斧神工震惊得几乎无法呼吸！向谷内走去，几十米高的波浪谷如同一个巨大的红色漩涡，我甚至有种一切在流动的错觉，太美了！岩壁上清晰的波浪纹，凹凸有致，如仙境一般。我如一叶浮萍随波逐流，这就是我向往的波浪谷。"一位从波浪谷旅行归来的游客曾这样说。

波浪谷不但美得让人眩晕让人震撼，更让人敬佩它采取的限制游客进入的环境保护政策，使得这片世间绝无仅有的地球奇观能永远延续下去，让世世代代的子孙瞻仰。

文话天下

波浪谷属于"野外探险专项旅行"，在单程约一个半小时的徒步行走中，你置身于一片四面放空的荒郊野地，找不到任何一个服务性的路标。只有一份步行地图和环保指南，全凭自己去辨别寻找，管理人员只会给你指出一个大概方位。

羚羊峡谷

No. 058 >>> Lingyangxiagu

　　羚羊峡谷是世界上著名的狭缝型峡谷之一,也是知名的摄影景点,位于美国亚利桑纳州北方。是谁第一次发现羚羊峡谷的记录已无从考证。据纳瓦荷族的历史传述,该地过去是叉角羚羊栖息处,峡谷里也常有羚羊漫步,这也是此峡谷名为羚羊峡谷的由来。

　　羚羊峡谷位于印第安人保护区,自然的奇幻美景是游客们的"地下天堂",但需要印第安导游的带领才能入内。这不仅仅是为了自然和人文保护的需要,更是为了游客的人身安全。就算是峡谷上方阳光灿烂,但是如果一场暴雨突然降临,这狭窄的"天堂"瞬间就可能变成一处急流奔腾、绝无逃生可能的"地狱"。

　　羚羊峡谷的出口只有一人多宽,山洪从这里喷涌而出。而这里的光线也千变万化,只有正午很短的一段时间阳光才能透过几处间隙照到谷底。佩奇城附近的羚羊峡谷是北美最美丽的峡谷,它距离不长,但沿着山势深切地下。这里的地质构造是著名的红砂岩,谷内岩石被山洪冲刷得如梦幻世界。

　　羚羊峡谷在地形上分为两个独立的部分,称为上羚羊峡谷与下羚羊峡谷。

▼ 羚羊峡谷的美景令人叹为观止

上羚羊峡谷由于谷地较广，且位于地面上，所以是游客最多的部分。现在所有的游客都必须搭乘保护区的大型四轮传动车，而且也取消了步行的许可，以免游客在烈日下步行发生意外。羚羊峡谷的入口不是很明显，远远看去只有一条很细的裂缝，进入峡谷后，某些地方可能相当阴暗，没有光线直射到地面上，岩壁高耸约有 20 米，总长约 150 米，摄影师进入此区通常需备有脚架和闪光灯，由于游客众多，想要拍到一束日光射入和无人的景观，需要一些耐心。

下羚羊峡谷整年中约有九个月不会开放。位于地底下，需要爬金属楼梯深入地底，中途还可能需要靠一些绳索才能走完下羚羊峡谷，由于其进入的难度比较高，游客较少，但摄影师较常在这边取景。入口仅有一人宽，与地面同高，远看无法辨识。进入后急降约 50 米，总长非常的长，一般游客只被允许走到中途点。下羚羊峡谷的谷底变化较多，某些通道不足人高，游客可能会碰撞到头部。

在 1997 年 8 月 12 日，下羚羊峡谷中有 12 个游客没有纳瓦荷族导览引领就进到峡谷中。当天峡谷所在地仅有零星的雨点，但峡谷上游下雨量较大——意外发生了，在降雨后 30～45 分钟内形成了暴洪，并直接冲到了下羚羊峡谷中，这 12 位游客在谷中避之不及，被突然出现的暴洪冲走，最后仅有一位 28 岁的美国游客生还。

羚羊谷的美和奇是显而易见的，但同时，这里还是会伴随着危险发生。如果去了那里，一定要严格遵守各项规定。

文话天下

今日，羚羊峡谷是纳瓦荷原住民保留区内的主要观光收入来源。在此峡谷中要拍出良好的摄影作品相当困难，由于光线只从峡谷上缘进入且谷壁表面不平整，造成许多反光，摄影测光相当不容易调整。

在阳光的作用下，羚羊峡谷的岩石有紫色、橙色、黄色、金色和蓝色，七彩斑斓，虽然光线很暗，却也能令人眩目。

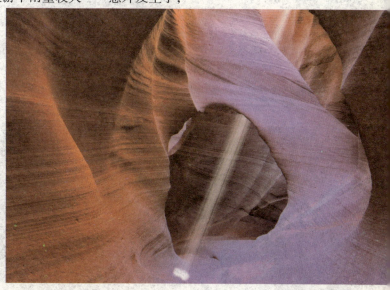

约塞米蒂谷

No.059 >>> **Yuesaimidigu**

约塞米蒂谷意为"深草谷地"。谷底宽平,谷壁陡峭,两侧并多悬谷。圣华金河支流默塞德河上游流贯其中,形成一系列瀑布。1890年,连同附近地区的湖泊、草甸、丛林等辟为约塞米蒂国家公园。目前,已修建三条汽车公路供旅游者登临游览。

约塞米蒂国家公园里约塞米蒂谷风光最是精彩,它山峦起伏、遍布密林、瀑布众多。1851年,美国军队的一队骑兵追赶一群印第安战士,偶然间发现了壮丽的约塞米蒂谷。"世界上几乎没有几个地方能像约塞米蒂谷一样,在只有12千米长的峡谷内有这么多壮观美景,它是大自然的杰作,景致各异,美不胜收。"他们这样形容约塞米蒂谷。

约塞米蒂谷荟萃了许多辉煌壮丽的自然美景:北美最高的瀑布、长寿的巨杉、幽深的峡谷、晶莹的湖泊以及在林间出没的飞禽走兽。约塞米蒂谷是火山、地震、河流、冰河各自发挥才华创造出的艺术结晶。

▼ 约塞米蒂谷被誉为美国景色最优美的地区,也被视为现代自然保护运动的发祥地。

峡谷两侧的众多高耸的花岗岩圆丘、巨石和岩壁是最引人注目的景观。耸立在谷底南面入口处的船长峰，是世界上最大的花岗岩块。约塞米蒂谷的另一端屹立着一座花岗岩峰，因形状像被利斧劈去一半的一块巨大的圆石而被称作"半圆丘"。约塞米蒂谷茂密的植被涵养了丰富的水源。由出自谷地高处的特纳亚、伊利亚特和约塞米蒂三条溪流汇成的默塞德河从峡谷内穿过，形成了一系列瀑布。

▲ 约塞米蒂谷美景

约塞米蒂谷实际上只是约塞米蒂国家公园的一小部分，它是由自然学家约翰·缪尔促成的。1868年，年轻的缪尔来到这里，被约塞米蒂谷壮观美丽的景色所折服，他留了下来，并献出了毕生的精力为保护约塞米蒂的环境而努力。

整个公园内有一千五百多种植物。这里生长着黑橡树、雪松、黄松木，还有树王巨杉。约塞米蒂国家公园内有株称为"巨灰熊"的巨杉。位于公园南端的马里波萨丛林是公园内三处巨杉林面积最大的一处，虽然这里的巨杉没有加州沿海的红杉长得那么高大，但这里的巨杉更为粗壮。有些巨杉的树干直径粗达10米以上。公园里有一千多种花。到了夏天，芬芳的杜鹃花点缀着谷地的草坪。山坡上遍布着加利福尼亚丁香和紫色树皮的熊果。秋季的约塞米蒂山谷犹如在燃烧，满目净是红黄落叶。

约塞米蒂国家公园的溪流是世界上最著名、最有趣的溪流。较大的溪水与河流在峡谷间展现着它们的清澈与秀美；在泡沫飞溅的宽阔的平地上，水流以平缓的斜度呈梯级倾泻而下，随处泛起美丽的漩涡，四溅的水雾在阳光中幻出彩虹；在冲过崎岖的峡谷与挡在河道上的巨石时，水石相击的轰鸣久久回荡。

文话天下

美国政府确认的七个生物区中，约塞米蒂国家公园内就有五个。公园主要有高山牧场和三块巨杉林地。动物有浣熊、野鹿等多种哺乳动物，以及221种飞禽、18种爬行动物和10种两栖动物。

万烟谷

No.060 >>> **Wanyangu**

万烟谷位于美国阿拉斯加州西南,阿拉斯加半岛北部卡特迈火山附近。1918 年辟为卡特迈国家名胜地。60 年代美国将千疮百孔、满目荒凉的万烟谷作为假想的月球表面,成为训练宇航员的基地,故有"地球上的月面"之称。

万烟谷毫无生机,如月球表面一般荒芜,仿佛刚刚经历了一场巨大的灾难。

万烟谷属环太平洋火山地震带,火山活跃,地震频繁。1912 年 6 月 6 日,卡特迈火山猛烈喷发,顶端被炸毁崩塌,形成巨大的火口湖,并在距卡特迈火山 10 千米处形成一座新火山——诺瓦拉普塔火山。巨大的火山喷出物直冲云霄,周围山谷被火山灰覆盖。山谷中形成数万个喷气孔和烟柱,在火山灰堆积较薄的地方和山谷的上部尤为密集,动植物被炽热的烟灰炭化。不断地从地下喷出大量炽热气体,在山谷上空形成巨大的烟雾层,经阳光照射,无数条彩虹色彩斑斓,极其壮丽。

四年后,喷出的烟柱仍高 45 米,气温高达 649℃,附

近24平方千米范围内，仍终年笼罩在水汽与火山烟中。万烟谷便由此得名。在那之后，万烟谷的火山活动大为减弱，只剩12个喷气孔。随后植物又开始出现，并有灰熊、驼鹿出没。

直到1916年，才有人开始对1912年诺瓦拉普塔火山爆发造成的危害进行评估。美国国家地理协会组织的探险队队长罗伯特·吉格斯这样描绘了当年观测到的火山灰飘落的情景："整个峡谷最远只能看到几百米，火山灰引起的火山烟尘飘荡在山谷上空，空气十分呛人。"探险队发现火山仍然冒着上千条烟柱，大部分都有几十米高，少数的烟柱竟然高达百米。"我们目瞪口呆，心里充满了恐惧，"吉格斯回忆道，"我们被彻底吓倒了。我们无法正常思考或者行动，真恐怖。"

作为卡特迈国家公园的核心景观，万烟谷还是著名的阿拉斯加棕熊的聚集地，在这里一次可以看到多达60头棕熊，它们每个夏季都聚集在布鲁克斯瀑布口，尽情享用从大海回游的鲑鱼。游客可以从安克雷奇或霍默飞抵布鲁克斯宿营地，途经丛林，然后从河流上方的棕熊观察点观赏棕熊。溪水从周围的群山奔流而下，将填满了火山灰和浮石的万烟谷雕刻出道道幽深的峡谷。

卡特迈国家公园最初是国家纪念碑，建于1918年，保存有100平方千米的诺瓦拉普塔火山喷发形成的熔灰流。卡特迈国家公园内的15座随时都可能爆发的活火山对游客具有极强的吸引力，虽然卡特迈国家公园的位置比较偏远，但是游客在这里可以欣赏到奇特的火山遗迹以及遍布野生动物的广袤森林。可以说，这是美国众多国家公园中最独特的景观之一。

虽然万烟谷的滚滚浓烟已经散去了，但它每年仍然吸引了大批游客来参观火山剧烈喷发后的凄美荒原。

查科峡谷

No.061 >>> **Chakexiagu**

坎坷不平的道路会把人们引入一条长达24千米的大峡谷——这就是美国著名的查科峡谷。在美国的新墨西哥州就保留着美国最大的印第安人遗址——查科峡谷国家遗迹,这里不仅留有印第安人生活的遗迹,还有6000万年以前形成的卡尔斯巴德天然洞穴。

查科大峡谷长24千米,位于美国新墨西哥州西北的印第安人保留地。如今,这里气候干燥,草木不生。峡谷两旁耸立着15~40米高的峭壁,峭壁之间是时断时续的查科河冲积而成的沙石河床。大约1000年前,这里曾经是北美洲史前史上最辉煌、最成熟的文明中心之一。

进入谷内,就会看到一排排的村落,坐落在查科洼地里。在这块面积只有88平方千米的地域里,存在着代表古代印第安人村落生活的遗迹。普韦布洛·班尼托是最大的村落,村落建筑稀疏零落。建筑这些村落使用了20万根木头,所有木头都是从远处的山上运来的。为了运到较高的建筑工地上,阿那萨吉人在峡谷两侧陡峭的岩壁上砍出了一级级台阶。

普韦布洛村属于陶斯地区。该地区是新墨西哥

查科峡谷因为它的纪念性、仪式性建筑和它独特的建筑风格而闻名。

州 19 个普韦布洛族印第安人保留地之一，现有 1900 名居民。与北美其他印第安人的历史相比，普韦布洛的文明发展程度最高，已有上千年的定居农耕史。起初，印第安人以小家庭为单位来到这里生息，公元六七世纪以后，大量的印第安人移民到了这个峡谷，越来越多的房舍在这里出现，这些住房一般是用木桩和泥土修成的圆形房舍。到了 12 世纪中期，大约有 7000 名印第安人在这里定居，这也许是美国西南部印第安人最大的集中地了。

现在，陶斯地区仍由一个部落委员会管理。在每年定期举行的传统仪式上，男女老少披戴传统服饰，像他们的祖先一样跳起龟舞、鹿舞、野牛舞和玉米舞。每年七月和九月，其他部落的普韦布洛人也汇聚陶期，进行集市交易。部落中分工明确，收割庄稼和摘果子是妇女的任务，男子外出打猎。孕妇在妊娠期内，每天天亮前散步，这样生出的婴儿健康。给孩子起的名字大部与身体特征、动物或出生时的某种自然现象有关，例如有的小孩名叫"黑脸"、"鹰姑"或"水儿"。

棕熊是大草原上最凶猛的动物，印第安人一般不单枪匹马地捕杀棕熊。捕猎时需要先激怒棕熊，让它冲到马跟前，离棕熊最近的猎手跑到它侧面将长矛扎进它的肋部，其他猎手一拥而上，用长矛将棕熊刺死。

查科大峡谷有许多道路通往外地，路修得很直。道路把大峡谷的主要遗址和较小遗址连在一起。人们至今还没搞清楚道路网和查科系统的作用。一些考古学家认为整个系统是一个经济实体，另一些人认为该系统是宗教活动的组成部分，还有一些人则认为它是由一个封建社会或军事社会建造的。

文话天下

对查科峡谷地区的阿那萨吉人来说，观察天象相当重要。公元 1054 年 6 月的超新星记录保存在阿那萨吉人的潘纳斯科村的岩画艺术中，查科的许多其他遗址都有天象记录：保存最完好的是法雅·布特，它是冬至与夏至的标志。

查科峡谷偏僻并且与世隔绝，环境也几乎没有什么令人心旷神怡的地方，但是这里经过精心的建设，你会发现这里的价值是无限的。

五、人工踪迹

　　天堑总能变通途，人类的智慧除了建造广厦，很大程度上都体现在交通的开发中。面对高山阻挡，人们总能开山凿洞，缔造一个个令人惊叹的隧道奇观。这些世界之"最"无论是来自大自然的缔造，还是人类的智慧，都值得我们去学习，去探索，以不断发现的眼光跟世界说，我在一步步地接近你，了解你。最终，我们会去征服你。

罗马七丘

No.062 >>> **Luomaqiqiu**

罗马是意大利的首都,全国政治、文化、交通的中心,同时也是世界文化中心之一。当时的七座山分别为凯马路斯、契斯庇乌斯、法古塔尔、奥庇乌斯、帕拉蒂尼、苏古沙与威利亚。

意大利的首都罗马,建于公元前 753 年,距今已有 2700 多年之久。罗马有悠久的历史、古老的文明,既是意大利的政治、文化、旅游中心,又是西方文明的摇篮和世界天主教之中心,是最富有特色的城市。

罗马的历史悠久,有着灿烂的文化。它诞生了古代世界中最为完备、对后世影响最为广泛与持久的罗马法。有学者曾说,"罗马曾三次征服世界,第一次是以武力,第二次是以宗教,第三次则以法律。而这第三次征服也许是其中最为平和、最为持久的征服。"

罗马的历史可追溯到公元前 753 年古罗马的建立,从那时到公元 476 年西罗马帝国灭亡,历时 1000 余年。在这段历史长河中,罗马城一直固若磐石,始终立于不败之地。因而罗马人骄傲地称之为永恒之城。

古罗马的遗迹如斗兽场、凯旋门、万神庙等依旧在风雨飘摇中巍然屹立,向人们诉说千年古城的辉煌过去。罗马的文明包括古代文

圣彼得广场是罗马最著名的广场,图为从圣彼得广场屋顶俯瞰广场及罗马街景。

▲ 《创造亚当》是米开朗琪罗为西斯廷教堂创作的巨幅天顶壁画《创世记》中的一幅。

明、近代文明和现代文明，罗马将历史与传统、古代与现代融于一体，真不愧为永恒之城。

众所周知，罗马有丰富的历史遗迹，有很多著名建筑，有不少花园别墅，有无数闻名于世的雕塑和绘画。古罗马建造了斗兽场、天使古堡、浴场、水道等等。文艺复兴时期，杰出艺术家米开朗琪罗创作了许多著名雕塑和绘画，如现珍藏于梵蒂冈圣彼得大教堂的大理石雕像《母爱》，现存于西斯廷教堂的巨幅天顶壁画《创世记》等等。在罗马博尔盖塞博物馆，展示了文艺复兴时期著名雕刻家贝尔尼尼的名雕《阿波罗和女神》等作品；在近代和现代，罗马又修筑了蜘蛛网似的高速公路，建造了新罗马大型的建筑群，在罗马近郊修造了奥林匹克运动场等等。每一个时代的罗马人，都为这座城市增添了色彩。

罗马法的一些基本原则，如建立在自然法基础上的人人平等的法律观念、契约自由和私有权不可侵犯，都为近代资产阶级所继承。它的体系及分类，也不同程度地为近代国家所接受。20世纪初罗马法经日本传入中国，对中国立法亦产生影响。

古罗马在建筑艺术方面的辉煌成就也是举世公认的。罗马人吸收其他民族的建筑艺术成果并不断推陈出新，建造了庄严的庙宇、巍巍的宫殿、宏大的剧场和况技场、设施齐全的浴室、四通八达的道路、功能到位的引水渠、歌功颂德的凯旋门等。

虽然随着古罗马的灭亡它们早已纷纷倾圮，但是即使站在那些断壁残垣前面，也仍然令如今世界各地的游人赞叹与景仰。现代罗马的工业有电子、建筑、服装、家具、造纸、化学、能源等。而在所有行业中，以第三产业最为发达，占到国民生产总值的70%以上，其中旅游业又占有相当大的比重。"条条道路通罗马"，现在每年世

万神殿是至今完整保存的唯
一一座罗马帝国时期建筑

界各国从海路、陆路、空路前往罗马去观光旅游的人数便有五六百万。

那么，你知道"条条大道通罗马"又是什么意思吗？一方面，古罗马的势力范围大，影响十分广泛。罗马帝国盛极一时，其疆域跨及欧、亚、非三大洲，古罗马是当时政治、经济、文化、艺术和宗教的中心；另一方面，罗马的交通非常方便，四通八达。

在两千多年前，罗马的交通就比较便捷，当时各条大道均以罗马为中心，向南北西东各个方向辐射，如阿比亚大道、萨拉里亚大道、弗拉米尼亚大道等，这些大道至今仍然名称未变，并仍在发挥作用。现在罗马的公路、铁路纵横交错，空运和海运也很发达，把全国各大区、各省市连接起来。所以人们习惯称"条条大道通罗马"。

万神殿被米开朗琪罗赞叹为"天使的设计"，是罗马时代独创的建筑物中保存得最好的。正面的 16 根圆柱让人联想到古希腊建筑。殿堂内部比例协调，十分恰当：直径与高度相等，约 43 米。大圆顶的基座从总高度的一半的地方开始建起，殿顶圆形曲线继续向下延伸，形成一个完整的球体与地相接。这是建筑史上的奇迹，表现出

罗马斗兽场是古罗马时期最大的圆形角斗场

古罗马的建筑师们高深的建筑知识和深奥的计算方法。万神殿还是第一座注重内部装饰胜于外部造型的。

现在的罗马包括古罗马城和20世纪以来扩建的新市区。建于"七丘"之上的古罗马城，本是历史上盛极一时的罗马帝国的首都。公元4世纪末，罗马帝国崩溃后，受到教会的庇护和教皇的统治，直到1867年才成为意大利的首都。

被城墙环绕着的古罗马城，简直是一座巨大的历史博物馆。在宽广的帝国大道两旁，有着许多著名的广场、教堂和宫殿。三座凯旋门和两根凯旋柱，分别记载着曾经地跨欧、亚、非三洲的罗马帝国的业绩。

动人心魄的科洛塞奥竞技场，就建在市中心附近的一片盆地上。竞技场占地两万平方米，周长527米，围墙有57米高。四层高的建筑物用淡黄色的巨石砌成，外面看去呈圆形。这座宏伟的建筑建于公元1世纪，据说它是当年在罗马帝国征服耶路撒冷后，为了显示盛大的武功，强迫8万名俘虏花了10年时间才建成的。场内有很多关锁狮、虎的地窖，竞技场斗兽处设在场中心，周围能容纳5万人观看。

说了这么多，还是要告诉你：如果你只有两三天时间，你大概只能去罗马最主要的几个地方，那你日后只能说你曾经到过罗马；如果你有十天半个月的时间，那就可参观十几个或二十多个景点；如果你有更多的时间，或今后能重返罗马小住，那么你会说罗马真是一生也看不完！

▼ 罗马许愿池是力量的象征。在远古时代，出征的罗马男子会来到许愿池旁，投下一枚银币，祈祷自己能凯旋。

科尔科瓦多山

No. 063 >>> Keerkewaduoshan

科尔科瓦多山，又称驼背山或耶稣山。它第一个别名来源于它的形状好像驼背人隆起的后背；第二个别名是因山顶塑有一座两臂展开、形同十字架的耶稣塑像，故又名耶稣山。巨大的耶稣塑像在全市的每个角落均可看到，是里约热内卢的象征之一。

里约热内卢之美首在其山。环抱里约的群山奇峰突兀，蔚为壮观。山上树木四季常青，铺锦叠翠，景色秀美，其中面包山和科尔科瓦多山更是各国游客的必到之地。面包山雄居海湾与大西洋之间，山体陡峭，四壁光滑，高近四百米，远远望去，孤立于苍茫的天地间，巴西人戏称为"甜面包"。

科尔科瓦多山在海拔七百余米高的峰顶建有一尊巨大的耶稣塑像，是世界巨型雕塑之一。耶稣像身躯直立，两臂平展，仿佛是一个巨大的十字架立在山顶，它寓意着巴西是一个天主教国家。

最初在科尔科瓦多山上建造塑像是为了庆祝巴西独立一百周年。1931年建成的塑像包裹在摩西皂石内，成为世界上最高的装饰艺术。它竖立在一个作为地基的小教堂上，可以在城市的每个角落看到它。并且山顶是欣赏里约热内卢风景的最好的地方。建于1882年的铁路可抵达塑像，现在，有自动扶梯直达山顶，还有

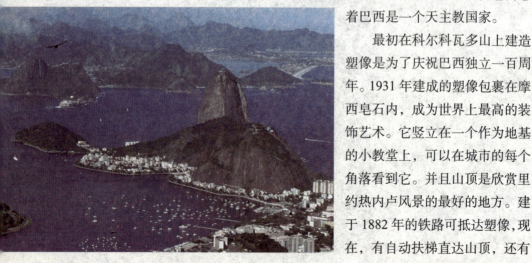
科尔科瓦多山美景

公路和登山火车可直达山顶，天气晴朗时登高远眺，里约热内卢全市和沿岸海滩美景尽收眼底。

塑像宽8米，高30米，两手臂展开，面对浩瀚无际的大西洋。这座塑像只有美国纽约的自由女神像可以与之相比美。塑像中的耶稣身着长袍，双臂平举，目光深情地俯瞰山下里约热内卢市的美丽全景，表达着博爱的精神和对独立的赞许。

这个塑像的位置选得很好，当你在里约热内卢城中漫步，随处都能看到山上的耶稣像：它低头俯视，伸展双臂，像在护呵着山脚下的里约城。到了晚上，在灯光的照射下，黑色夜幕下的耶稣像显得更加高大和醒目，宗教色彩也更为浓厚。科尔科瓦多山高雾多，即使烈日晴空，有时也会突然腾起一团团浓雾，弥漫整个山头，置身其间，顿感飘飘忽忽，如入仙境。

自峰顶远眺，轮廓独特的甜面包山，风光秀丽的伊帕内马海滩，世界上最大的马拉卡纳体育场，繁荣的里约热内卢市景，一切尽收眼底；从山下仰望，耶稣的身影与群山融为一体，在云雾中若隐若现，仿佛笼罩着一层神秘的色彩和圣洁的光环。

科尔科瓦多山峰顶的耶稣十字塑像

科尔科瓦多山有公路相通，大轿车可以开到半山腰，然后转乘小车或小火车至山顶，再登220级台阶便可到耶稣像旁。山顶有纪念品商店、餐馆等服务设施。

游科尔科瓦多山最好是在无云的晴天里，因为山处海滨，空气中水气较多，山顶薄云常常挡住游人的视线，阴天时云海浮动，在山上向下望，一片白茫茫的云雾，什么也看不见，甚至抬头连耶稣像的上端也看不清。

里约热内卢景色优美，有着湛蓝的大海，白色的沙滩，碧绿的棕榈，苍翠的群山。因此，那里的人们常说，"上帝用六天时间创造了世界，而把他的第七天献给了里约热内卢。"确实，里约热内卢拥有着人们幻想中的天堂美景。

科尔科瓦多山地区夜景

里约热内卢山秀，水也美。走下山来，除了市中心巨大的淡水湖外，海边大大小小的沙滩一个接连一个，它们像是挂在里约热内卢"颈脖"上的一串串晶莹夺目的项链，散发着诱人的魅力。最著名的是科帕卡巴纳海滩，这个新月形的海滩宽百余米。

走在海滩上，眼前是湛蓝湛蓝的海水和层层波涛、脚下踩着金色细软的沙子，耳畔海风习习，能够闻到海风中带着的阵阵海腥味。一条宽阔的海滨大道顺着海滩走势蜿蜒向前伸展，海滨大道上的人行道用白色与黑色的小石头拼镶成各种波浪形的图案，高大挺拔的棕榈树屹立在人行道旁，伴着习习海风婆娑起舞。海滨大道的另一侧是林立的一幢幢二三十层的旅馆、饭店和豪华公寓。现代化的建筑与美丽海边风光和谐地融为一体，相得益彰。无论是白天还是夜晚，海滩上到处是来此散步、踢球、沐浴阳光和冲浪的人们。每到周末，延绵八公里长的海滩上，彩伞簇立，人声鼎沸，简直成了人的海洋！

科尔科瓦多山上的蒂茹卡国家公园位于海拔380米处，这里有一座玲珑别致的中国式凉亭，形似中国的八

科帕卡巴纳海滩

角亭，八个檐上雕刻着色彩艳丽的飞龙。这座凉亭是巴西国王唐·若昂六世在位时，地方当局为了表彰华工在巴西培植中国名茶的功绩而修建的，现在凉亭已经成为中巴两国人民友谊的象征。

在巴西，除了著名的科尔科瓦多山，还有不少景色也不容错过。比如，位于阿根廷和巴西的界河伊瓜苏河下游，距伊瓜苏河与巴拉那河汇流点约23千米，伊瓜苏河在此从崖壁陡落入巴拉那河峡谷，形成275股急流和瀑布，取名为伊瓜苏瀑布。游览伊瓜苏瀑布的最佳时节是在八月到十一月期间，那时景区栈道被洪水淹没的可能性最小。

亚马孙是一个由河流与森林构成的巨型生态系统，几乎覆盖了巴西一半的领土，并延伸到其他国家。亚马孙雨林仍有许多让人捉摸不透的秘密，至今仍有很多亚马孙河的主要支流未被开发。在亚马孙的大约1.5万个动物品种中，还有上千种鸟类和哺乳动物尚未进行详细的分类，种类复杂得连生物学家都无法识别伯勒姆市场上销售的不同品种。

贾尼克克拉是新近出名的偏远原始海滩，最受背包旅行族、滑浪风帆爱好人士和充满活力的巴西人喜爱。贾尼克克拉位于福塔莱萨西北面的塞阿拉海岸，是一个小渔村。沙丘上的棕榈摇曳，白色的海滩旁停泊了帆船。山羊、绵羊、牛、马和狗在沙滩的道路上自由自在的游荡。

维德洛斯台地这座壮观的国家公园是巴西中西部最高的地区，距离巴西利亚北面220千米。高大的瀑布、天然游泳池、陡峭悬崖和绿洲般的椰林，颇受生态旅游者的喜爱。公园内的动物包括长着鬃毛的狼、斑纹食蚁兽、大犰狳、水豚、貘、美洲鸵、犀鸟和秃鹫。

伊瓜苏瀑布、东非维多利亚瀑布、美加的尼亚加拉瀑布，称为世界三大瀑布。

圣哥达隧道

No. 064 >>> **Shenggedasuidao**

　　圣哥达隧道，世界著名隧道之一，位于瑞士中南部阿尔卑斯山脉中。从瑞士巴塞尔可直达意大利边境的基亚索，在国际交通上有很大作用。1968年起，瑞士、意大利合建公路隧道，长16.3千米。

　　由于瑞士汽车量的增长以及意大利成为一个受欢迎的度假地，当地政府决定在瑞士建造圣哥达隧道，以满足人们不断增长的交通需求。圣哥达隧道于1980年9月5日建成，现在这条隧道是欧洲车辆数非常大的一条隧道。

　　不幸的是，2001年10月24日两辆卡车在圣哥达隧道内相撞起火，11人丧生。在之后的两个月中，圣哥达隧道被封闭。圣哥达隧道的通车量非常高，隧道两端经常堵车。另一条在格劳宾登州的穿越阿尔卑斯山的隧道，圣贝纳迪诺公路隧道比圣哥达隧道短、车辆少。但由于那条路比圣哥达隧道的路长，因此要用的总的时间比使用圣哥达隧道长。

　　渐渐地，圣哥达隧道的安全性令人感到担心，因为它只有一个管道，而每个方向又只有一股道，因

▼ 圣哥达隧道南面入口

此，它的安全性比多管道多股的隧道要差——就这样，一条新的圣哥达隧道便运应而生了。

为了修建这条世界最长的铁路隧道，自1996年就分别从瑞士北面和南面开始工作。14年后的2010年10月15日，隧道终于穿透南北方向最后一道石壁，被开通。预计其将于2017年12月正式投入使用。

圣哥达基础隧道投入使用后，瑞士将再次拥有世界最长铁路隧道，目前长54千米的日本青函隧道尚居世界第一。届时火车就能以250千米/每小时的速度在隧道中飞速穿梭，并将从米兰到苏黎世的时间缩短整整60分钟。

瑞士联邦交通局局长称："这条隧道是我们将公路货运转至铁路运输过程中的一个重要里程碑。"欧盟交通运输专员也认为，这是一项"伟大的工程"。这一隧道将成为欧洲发展高速铁路运输系统的奠基石。

为了纪念这一伟大工程的开通，瑞士的媒体专门推出一个带有报道、画廊、声频和其他多媒体元素的经典特刊，将所有想了解新圣哥达基础隧道的人带上一个多轨旅途：从着手这一重大交通项目的背景资料、隧道对瑞士全国各地及邻国的影响、隧道工的艰苦生活到圣哥达山脉的神化传说，将隧道的一切详细地介绍给读者。

希望新的圣哥达基础隧道早点投入使用，让更多的人们享受到现代化科技给我们的生活带来的便捷。

> **文话天下**
>
> 新圣哥达基础隧道绝对称得上是一个"国际工程"——在这个浩大的工程中，隧道的施工人员共有2300人，其中外国人占84%。他们主要来自德国、意大利、奥地利、波兰和南非等国，而瑞士也有1.5万人间接从事各种与隧道工程有关的工作。

▽ 圣哥达隧道内部

洛达尔隧道

MEI LI SHI JIE XING

No. 065 >>> **Luodaersuidao**

　　洛达尔隧道位于挪威西部地区,被称为最长的公路隧道。洛达尔隧道通车后,奥斯陆与卑尔根之间的行车时间将从以往的 14 个小时缩短至 7 个小时,车辆在冬季照常通行无阻。

　　洛达尔隧道全长 24.51 千米。于 1995 年 3 月开始动工兴建,2000 年 11 月 27 日正式通车。过去来往于奥斯陆和卑尔根的车辆不仅要在洛达尔乘三个小时的轮渡,穿越洛达尔附近的松恩峡湾,而且还要在洛达尔和艾于兰之间翻越很长一段地势非常险峻的山路,并且在冬季冰冻时期禁止通行。自从有了它,这一切都不再是问题。

　　根据设计,洛达尔隧道每小时通过车辆的能力为 400 万辆。但由于挪威人口较少,这条隧道每昼夜通过的轿车将仅为 1000 辆。

洛达尔隧道南口,一旁的标志标示着隧道长度。

　　为什么说洛达尔隧道是世界上最为特殊的隧道呢?因为在洛达尔隧道修建期间共实施了五千多次爆破,这条隧道在挪威布满山脉和峡湾的地下绵延 15 千米,是世界上已经竣工的最长公路隧道。

　　由于人在没有窗户的封闭隧道中连续行驶 20 分钟会让人感觉乏味,所以心理学家和工程师决定采取措施,维持驾驶员的注意力集中。一个人在隧道的情绪反应是非常重要的。如果他情绪愉快，会喜欢上驾驶员这个工作。如果他感觉到很压抑，很可能就会不喜欢。于是，曾经参与过10个不同的隧道工程的伊利诺大学土木与环境工程教授优素福·哈沙什专门根据这条隧道的长度，打算设计出一个优秀的环境和照明系统。

在洛达尔隧道内行驶的汽车

经过艰难的努力，这个大胆的设想终于实现了——洛达尔隧道成功地加载了明亮的蓝色灯光和微妙的曲线，以吸引司机的注意力。

更为有趣的是，洛达尔隧道将整体的空间切割成了好几个部分，改变了整个行驶路线的单调性，给乘客造成一种印象，仿佛他们是在几个小的隧道中行驶。

说起隧道，值得一提的是世界最长的双洞单向公路隧道，它就是位于中国陕西境内的秦岭终南山公路隧道。北起西安市长安区青岔，南至商洛市所辖的柞水县营盘镇，全长18.02千米。人们驱车15分钟便可穿越秦岭这一中国南北分界线。

值得骄傲的是，这个世界之最是完全由中国人自主设计施工的，而且在设计上也体现了人性化的理念：隧道里专门设置了特殊灯光带，通过不同的灯光和幻灯图案变化呈现出"蓝天"、"白云"、"彩虹"等景象，可以使驾驶员和乘客仿佛置身室外，有助于缓解驾驶和乘车的疲劳感。

文话天下

日本关越隧道是建造时间最早的一条超长公路隧道。为此，日本官方还发行了"开通纪念"邮票，以此来纪念这条日本最长的公路隧道。它全长10.9千米，贯穿了山峰险峻、终年积雪的谷川山脉。为防止山峰积雪崩塌、堵塞洞口，隧道采用了衬砌外伸的方式。

洛达尔隧道内特殊的灯光

拉什莫尔山

No. 066 >>> **Lashimoershan**

　　拉什莫尔山位于美国南达科他州的黑山地区,山上刻有华盛顿、杰弗逊、罗斯福、林肯四个巨大的石雕像,石像的面孔高18米,鼻子有6米长。四个雕像如同从山中长出来似的,山即是像,像即是山,巨像与周围的湖光山色融为一体,形成了著名的旅游胜地。

1885 年,美国纽约的著名律师拉什莫尔将他在南达科他州布拉克山所拥有的矿山附近的一座花岗岩山以他的名字命名,这就是拉什莫尔山名字的来由。拉什莫尔山上的雕像凝视着远处布拉克山区的乡村。与复活节岛上的石像,或者埃及古萨金字塔前的狮身人面像这类成百上千年前的雕像不一样,拉什莫尔山雕像是20世纪相对现代的杰作,因为它们仅仅雕刻于1927—1941年间。

　　拉什莫尔山的雕像可以说是20世纪人类雕刻艺术的杰作,它是由美国著名的艺术家夏兹昂·波格隆创作的。1927年,柯立芝总统宣布将拉什莫尔山辟为国家纪念场,雕刻工程也同时开始。1941年,当工程临近完成的时候,波格隆这位艺术大师与世长辞了,他的儿子林肯继承父业,终于在1941年底完成了这项令世界瞩目的工程。

　　华盛顿从衣领部分开始向浮雕过渡,左边的衣领转成浮雕线刻,保留了原来的山形,右边衣领刻成浮雕,肩部和胸部因山形而粗刻,因此整个雕像头部五官形象突出,清晰而集中。只见华盛顿安详地望

　　雕像中从左至右依次为华盛顿、杰弗逊、罗斯福和林肯。他们代表了美国历史的前150年。

拉什莫尔山工程核心人
物——夏兹昂·波格隆

着远方，口紧闭着，眉宇略锁，显露出严肃而又坚决的表情，仿佛对胜利充满了信心。华盛顿雕像是四个巨人雕像中唯一的胸像，其余三人只雕出了头部形象。

在华盛顿雕像的右边是杰弗逊雕像。雕像突出了他作为美国民族和民主革命先驱者的风采和智慧，他的头发弯曲，前额突出，双眼炯炯有神，头部微仰，嘴角微抿，从悠闲当中透露出果敢和坚强。

罗斯福雕像位于杰弗逊雕像之右，他与林肯的雕像只刻了脸部，脑后与石山连在一起，颈与胸部均未刻出。罗斯福雕像下颌略收，双目深陷，两眉紧锁，面部棱角分明，戴一副秀丽的眼镜，与华盛顿与杰弗逊刚毅的造型形成鲜明的对比。

四座雕像的最右边一位是林肯，这位深受美国黑人和下层人民爱戴的伟人，雕像突出了他严肃、认真的性格特征。

这组雕像既突出了每个人的性格特征，又巧妙地组合在一个统一的构图之中。四座雕像的面部虽然不朝向一个焦点，但是他们都看着远方，而且排列在相同的高度，左边三座雕像颈项以下的横线都是连贯的，隐去了三人的胸肩，彼此融为一体，有机地统一起来，加强了雕像间形与神的联系。

为了表示对四位总统的崇敬之情，也为了防止雕像受到损害，拉什莫尔山禁止游人攀登，前往观瞻的人可在山脚下的观瞻台上一睹雕像的风采，每年六至九月间，为了使游人在晚上也能欣赏到这一艺术巨作，这里还备有照明设备，在灯光下观赏石雕，自然又有另一番情趣和特殊的艺术效果。

文话天下

1966年10月15日，拉什莫尔山被正式列入国家史迹名录。1975年，管理当局在老波格隆当年的工作室树立了一根特制的铜柱。铜柱上端是一块铜制的牌匾，上面镌刻着一篇四十年前由来自内布拉斯加州的威廉·安德鲁·伯基特所写的获奖文章。

正在建造中的拉什莫尔山雕像